中华传统文化经典注音全本

老子·大学·中庸

邓启铜 注释

老子像

东南大学出版社
SOUTHEAST UNIVERSITY PRESS

·南京·

图书在版编目（CIP）数据

老子·大学·中庸/邓启铜注释. — 南京：东南大学出版社，2013.1（2023.4重印）
（中华传统文化经典注音全本：口袋本）
ISBN 978-7-5641-3531-7

Ⅰ.①老… Ⅱ.①邓… Ⅲ.①《老子》–儿童读物②《大学》–儿童读物③《中庸》–儿童读物 Ⅳ.①B223.1-49②B222.1-49

中国版本图书馆CIP数据核字(2012)第100440号

老子·大学·中庸

责任编辑	彭克勇
封面设计	方楚娟
出版发行	东南大学出版社
社　　址	南京市四牌楼2号　邮编：210096
出 版 人	白云飞
网　　址	http://www.seupress.com
印　　刷	南京玉河印刷厂
开　　本	787mm×1092mm　1/32
印　　张	6.5
字　　数	250千字
版　　次	2013年1月第1版
印　　次	2023年4月第4次印刷
书　　号	ISBN 978-7-5641-3531-7
定　　价	14.00元

出版说明

"中华传统文化经典注音全本"口袋本是在"东大国学经典书系"的基础上,根据"流传广泛,内容经典,篇幅适中"的原则再精选出来的二十九种经典,它使用适合携带的口袋开本,保留原书的精美版式,双色印刷,锁线装订,使读者能以低廉的价格收藏经典并享受阅读的乐趣。

这套经典包括如下典籍:《论语》《老子·大学·中庸》《诗经》《孟子》《唐诗三百首》《三字经·百家姓·千字文》《千家诗》《声律启蒙·笠翁对韵》《孝经·弟子规·增广贤文》《孙子兵法·三十六计》《易经》《尚书》《庄子》《楚辞》《盐铁论》《宋词三百首》《元曲三百首》《五字鉴·菜根谭》《幼学琼林》《龙文鞭影》《国语》《武经七书》《周礼》《仪礼》《尔雅》《山海经》《古诗源》《春秋公羊传》《春秋穀梁传》。基本上涵盖了古代国学精华以及古代蒙学精华。

这套书在编辑、注释、注音时坚持以"四库全书"为主,遍搜各种版本,尽量多地参照最新研究成果,力求做到每个字的注释注音都有出处,所选的必是全本,这样有助于读者认识经典全貌。由于我们水平有限,在编校过程中还有不足之处,请读者提出宝贵意见,供我们再版时参考。

松下读书图　明·吴　伟

读经诵典　受益匪浅

老子

第一章 ……… 5	第十四章 ……… 19
第二章 ……… 6	第十五章 ……… 21
第三章 ……… 8	第十六章 ……… 23
第四章 ……… 9	第十七章 ……… 24
第五章 ……… 10	第十八章 ……… 25
第六章 ……… 11	第十九章 ……… 26
第七章 ……… 12	第二十章 ……… 27
第八章 ……… 13	第二十一章 ……… 29
第九章 ……… 14	第二十二章 ……… 30
第十章 ……… 15	第二十三章 ……… 32
第十一章 ……… 16	第二十四章 ……… 34
第十二章 ……… 17	第二十五章 ……… 35
第十三章 ……… 18	第二十六章 ……… 37

读经诵典 受益匪浅

目录

第二十七章	38	第四十五章	65
第二十八章	40	第四十六章	66
第二十九章	42	第四十七章	67
第三十章	43	第四十八章	68
第三十一章	44	第四十九章	69
第三十二章	46	第五十章	70
第三十三章	47	第五十一章	72
第三十四章	48	第五十二章	74
第三十五章	49	第五十三章	75
第三十六章	50	第五十四章	76
第三十七章	51	第五十五章	78
第三十八章	55	第五十六章	80
第三十九章	57	第五十七章	81
第四十章	59	第五十八章	83
第四十一章	60	第五十九章	84
第四十二章	62	第六十章	85
第四十三章	63	第六十一章	86
第四十四章	64	第六十二章	87

读经诵典　受益匪浅

第六十三章 ⋯ 89
第六十四章 ⋯ 90
第六十五章 ⋯ 92
第六十六章 ⋯ 93
第六十七章 ⋯ 94
第六十八章 ⋯ 96
第六十九章 ⋯ 97
第七十章 ⋯ 98
第七十一章 ⋯ 99
第七十二章 ⋯ 100
第七十三章 ⋯ 101
第七十四章 ⋯ 102
第七十五章 ⋯ 103
第七十六章 ⋯ 104
第七十七章 ⋯ 105
第七十八章 ⋯ 106
第七十九章 ⋯ 107
第八十章 ⋯ 108
第八十一章 ⋯ 110

大学

一　明德章 ⋯ 113
二　康诰章 ⋯ 116
三　盘铭章 ⋯ 117
四　邦畿章 ⋯ 118
五　听讼章 ⋯ 121
六　诚意章 ⋯ 122
七　正心修身章 ⋯ 124
八　齐家章 ⋯ 125
九　治国章 ⋯ 126
十　絜矩章 ⋯ 129

读经诵典　受益匪浅

中庸

一　天命章 …… 139
二　时中章 …… 141
三　鲜能章 …… 142
四　行明章 …… 143
五　不行章 …… 144
六　大知章 …… 145
七　予知章 …… 146
八　服膺章 …… 147
九　可均章 …… 148
十　问强章 …… 149
十一　素隐章 …… 151
十二　费隐章 …… 152
十三　不远章 …… 154
十四　素位章 …… 156
十五　行远章 …… 158
十六　鬼神章 …… 159
十七　大孝章 …… 160

十八　无忧章 …… 162
十九　达孝章 …… 164
二十　问政章 …… 166
二十一　诚明章 …… 175
二十二　尽性章 …… 176
二十三　致曲章 …… 177
二十四　前知章 …… 178
二十五　自成章 …… 179
二十六　无息章 …… 180
二十七　大哉章 …… 183
二十八　自用章 …… 185
二十九　三重章 …… 187
三十　祖述章 …… 189
三十一　至圣章 …… 190
三十二　经纶章 …… 192
三十三　尚絅章 …… 193

老 子

老子像图卷 元·赵孟頫

老子道德经原序

　　老子体自然而然，生乎太无之先，起乎无因，经历天地终始，不可称载。终乎无终，穷乎无穷，极乎无极，故无极也。与大道而轮化，为天地而立根，布气于十方，抱道德之至淳，浩浩荡荡，不可名也。焕乎其有文章，巍巍乎其有成功，渊乎其不可量，堂堂乎为神明之宗。三光恃以朗照，天地禀以得生，乾坤运以吐精，高而无民，贵而无位。覆载无穷，阐教八方诸天，普弘大道。开辟以前，复下为国师，代代不休。人莫能知之，匠成万物，不言我为，玄之德也。故众圣所共尊。道尊德贵，夫莫之命而常自然，惟老氏乎！周时复托神李母，剖左腋而生，生即皓然，号曰老子。老子之号，因玄而生，在天地之先，无衰老之期，故曰老子。世人谓老子当始于周代。老子之号，始于无数之劫，甚窈窈冥冥，眇邈久远矣。世衰，大道不行，西游天下。关令尹喜曰：大道将隐乎？愿为我著书。于是作《道德》二篇，五千文上下经焉。夫五千文宣道德之源，大无不包，细无不入，天人之自然经也。余先师有言：精进研之，则声参太极；高上遥唱，诸天欢乐，则携契玄人。静思期真，则众妙感会；内观形影，则神气长存。体洽道德，则万神震伏。祸灭九阴，福生十方。安国宁家，孰能知乎？无为之文，洿之不辱，饰之不荣，挠之不浊，澄之不清，自然也。应道而见，传告无穷，常者也。故知常曰明，大道何为哉？弘之由人，斯文尊妙，可不极精乎！粗述一篇，唯有道者宝之焉。

太极左仙公葛玄撰

道经

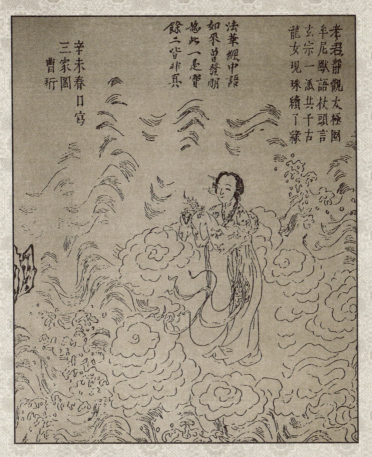

乾　三家图证　明·曹士珩

老子授经图 清·任颐

读经诵典 受益匪浅

第一章 (dì yī zhāng)

道可道①,非常道②;
名可名③,非常名④。
无名,天地之始;
有名,万物之母⑤。
故常无,欲以观⑥其妙⑦;
常有,欲以观其徼⑧。
此两者⑨,同出而异名,同谓之玄⑩。玄之又玄,众妙之门⑪。

【注释】①**道可道**:道指自然规律,自然法则,化生万物的本源。後一个道是"表达,说"。②**常道**:永恒之道。③**名可名**:前一个"名",指名词概念,是对事物真实性和本质的反映。後一个名是"命名",即用言词正确地表达概念。④**常名**:永恒的名,永恒的概念。⑤**万物之母**:万物的本源。按江有诰《老子韵读》,"母"古音一作mǐ,与"始"押韵。⑥**观**:探究。⑦**妙**:深邃奥妙。⑧**徼**:原意为边界,这里引申为开端、端倪。⑨**此两者**:指常无和常有。⑩**玄**:幽昧深远。"玄"古音一作xún,与"门"押韵。下同。⑪**众妙之门**:一切变化的总门径。

读经诵典　受益匪浅

第二章

天下皆知美之为美,斯恶已①;
皆知善之为善,斯不善②已。
故有无③相生,难易相成,
长短相形④,高下相倾⑤,
音声相和⑥,前後相随。恒⑦也。
是以圣人⑧处无为⑨之事,
行不言⑩之教;
万物作而弗始⑪,生而弗有,
为而弗恃⑫,功成而弗居⑬。

读经诵典　受益匪浅

^{fú wéi fú jū shì yǐ bú qù}
夫唯弗居，是以不去^⑭。

【注释】①斯恶已：这就丑了。已亦作矣。②不善：即恶。③有无：存在与不存在。④形：亦作"较""刑"，比较之意。朱谦之、毕沅等认为不当作"较"，古时并无"较"字，何况与"倾"不押韵。刑通"形"，然而可能是传写致误。⑤倾：一作盈。据说是为避汉孝惠帝刘盈讳而改作倾。然此说只是臆测，否则下文之"恒"亦应避汉文帝刘恒讳矣。何况下文又出现"盈"字。⑥音声相和：音指五音，声指歌，歌有清浊，与乐相和。"随"古音一作 suó，与"和"押韵。⑦恒：经常的、持久的。⑧圣人：儒家的圣人是典范化的道德人，道家则是指有道的人，即顺应自然、身心自由的人。⑨无为：顺其自然，不妄为。⑩不言：不發号施令，不用政令。言指政教号令。⑪弗始：不人为地创始。弗即不。⑫恃：自恃。事、教、始、有、恃押韵，古音，"教"一作 jì，"有"一作 yǐ。⑬居：自居。⑭去：离去。

老子骑牛图

第二章

读经诵典　受益匪浅

第三章

不尚贤①，使民不争②；
不贵③难得之货，使民不为盗；
不见现可欲④，使民心不乱。
是以圣人之治，虚其心⑤，
实其腹，弱其志⑥，强其骨⑦。
常使民无知无欲⑧，
使夫知智者⑨不敢为也。
为⑩无为，则无不治。

【注释】①尚贤：崇尚标榜贤能之才。不尚贤，即不要给那些自我标榜为贤才之人以高官厚禄。②不争：不争名夺利。③不贵：不珍贵、不抬高价值。④不见可欲：不显耀可以引起欲望的东西。⑤虚其心：清净其妄想思虑之心。虚指心灵清净，没有私欲杂念。⑥弱其志：削弱人们争名夺利之志。弱是削弱的意思。⑦强其骨：使人们的身体健康强壮。⑧无知无欲：无巧伪奸诈之心智，无非分妄想之欲求。⑨知者：知同"智"，即有智慧的人。⑩为：做到。

第四章

道冲①,而用之或不盈②。
渊兮,似万物之宗③;
挫④其锐,解其纷;
和⑤其光,同其尘⑥;
湛⑦兮,似或存⑧。
吾不知谁之子⑨,象帝之先⑩。

【注释】①冲:古字为"盅",器虚也。②不盈:不满,无穷尽。③宗:源头。④挫:锉磨。⑤和:隐蔽。⑥同其尘:同是混同,尘是尘俗。"挫其锐"下来四句,又出现于本书第五十六章,学者多认为此处是错简,宜删。⑦湛:深沉,形容隐蔽而无形。⑧似或存:好像是存在。⑨吾不知谁之子:我不知其源头。⑩象帝之先:好像产生于天帝之先。

谈道图 明·吴 伟

读经诵典　受益匪浅

第五章

天地不仁[1]，以万物为刍狗[2]；圣人不仁，以百姓为刍狗。天地之间，其犹橐籥[3]乎？虚而不屈[4]，动而愈出。多言数(速)穷[5]，不如守中(冲)[6]。

【注释】①天地不仁：天地没有偏爱之心。②刍狗：古时候祭祀时用草扎成的狗，使用后即被抛弃掉。③橐籥：风箱。④屈：竭尽、干涸。⑤多言数穷：政令烦苛，加速败亡。言指政令，数与速相通。⑥守中：中通"冲"，守中即持守虚静的意思。

消夏图　元·刘贯道

第六章

谷神不死①，是谓玄牝②。
玄牝之门，是谓天地根。
绵绵③若存，用之不勤④。

【注释】①**谷神不死**：即永恒永存的道。谷，形容虚空，山谷是空旷的，指道而言。神指不测的变化，不死即不衰竭。②**玄牝**：微妙的生殖之源，玄指幽深不可测，牝指生殖。③**绵绵**：延续貌。④**不勤**：不劳倦，不容易枯竭。

松荫谈道图 南宋·无款

读经诵典　受益匪浅

第七章

天长,地久。
天地所以能长且久者,
以其不自生①,故能长生②。
是以圣人後其身而身先③,
外其身而身存④。
非以其无私邪[耶]⑤?
故能成其私⑥。

【注释】①不自生:生存不为自己。②长生:长久生存。③後其身而身先:把自身放在众人後面,反而能得到众人的爱戴与拥护。"後其身"是一种谦让与内敛的精神。④外其身而身存:把个人置之度外,反而能够保全生命。⑤邪:同"耶",叹词,吗。⑥成其私:成就他自己所追求的事业。

鹊华秋色图　元·赵孟頫

第八章

上善若水[1]。
水善利[2]万物而不争，
处众人之所恶[3]，故几于道[4]。
居善地[5]，心善渊[6]，
与善仁[7]，言善信，
政善治[8]，事善能，动善时[9]。
夫唯不争，故无尤[10]。

【注释】①上善若水：上，最的意思，上善即最善。若水：像水之清柔。②善利：善于滋润。③处众人之所恶：即居处于众人不愿去的地方。④几于道：即接近于道。几，接近。⑤居善地：居住善于选择地方。⑥心善渊：心要善于沉静，渊指沉静、深沉。渊，古音一作 yūn，渊、仁、信叶韵。⑦与善仁：与指与别人相交相接；善仁指有修养之人。⑧政善治：为政善于治理国家。⑨动善时：行为动作善于把握有利的时机。⑩尤：怨言与过失。治、能、时、尤叶韵，古音，"能"一作 ní，"尤"一作 yí。

第九章

持而盈之①，不如其已②；
揣而梲锐之③，不可长保。
金玉满堂，莫之能守；
富贵而骄，自遗④其咎。
功遂⑤身退，天之道也。

【注释】①持而盈之：自持盈满，意即自满自骄。②已：止。③揣而梲之：把铁器磨得又尖又利，意指锋芒毕露。④遗：给予。⑤功遂：功成名就。此章，江有诰认为：已、保、守、咎、道叶韵，已音 yǒu，保音 bǒu，道音 shǒu。

归去来辞之稚子候门图　明·马　轼

第十章

载①营魄②抱一③，能无离乎？
专气④致柔⑤，能如婴儿乎？
涤⑥除玄鉴⑦，能无疵乎？
爱民治国，能无知[智]⑧乎？
天门⑨开阖⑩，能为雌⑪乎？
明白四达，能无为⑫乎？
生之畜⑬之，生而不有，
为而不恃，长而不宰⑭，是谓玄德⑮。

【注释】①载：用作助语词，相当于夫。②营魄：即魂魄。③抱一：即合一，指魂和魄合而为一，即合于道。④专气：即集气。专，《帛书老子校注·帛书老子甲本勘校复原》作"抟"，聚集、结聚之义。⑤致柔：致至柔之和。⑥涤：扫除、清除。⑦玄鉴：即心灵深处明澈如镜。⑧知：同"智"，指心智、心机。⑨天门：指自然之理。⑩开阖：开合，即动静。⑪为雌：守静。⑫无为：无为而治，即顺其自然。⑬畜：养育、繁殖。⑭长而不宰：引导民长而不主宰。"生之畜之"至末尾，马叙伦认为与上文之义欠衔接，应是本书第五十一章的错简。此说似是，何况学者们也不认为叶韵。此章，离、儿、疵、知、雌、为叶韵。儿、为，古音都有类似 yi 音的。

读经诵典　受益匪浅

第十一章

三十辐①，共一毂②，
当其无③，有车之用。
埏埴④以为器，当其无，
有器之用。
凿户牖⑤以为室，当其无，
有室之用。
故有之以为利，无之以为用⑥。

【注释】①辐：车轮中连接轴心和轮圈的木条。古时的车轮由三十根辐条所构成。此数取法于每月三十日的历数。②毂：是车轮中心木制圆圈中心的圆孔，即可以插轴的地方。③无：指毂的中间空的地方。④埏埴：埏，抟和；埴，土，指陶土。⑤户牖：门窗。户指单扇门，牖指窗。⑥有之以为利，无之以为用："有"给人便利，"无"也发挥了它的作用，意指有和无必须相配合。此章，瑞典汉学家高本汉认为辐、毂叶韵，其他学者则未点明。

读经诵典　受益匪浅

第十二章

五色①令人目盲②，
五音③令人耳聋④，
五味⑤令人口爽⑥，
驰骋⑦畋猎⑧令人心發狂⑨，
难得之货令人行妨⑩。
是以圣人为腹不为目⑪，
故去彼⑫取此⑬。

【注释】①五色：指青、黄、赤、白、黑。此指色彩多样。②目盲：比喻眼花缭乱。③五音：指宫、商、角、徵、羽。这里指多种多样的音乐声。④耳聋：比喻听觉不灵敏。⑤五味：指酸、苦、甘、辛、咸，这里指多种多样的美味。⑥口爽：意思是味觉失灵，生了口病。爽，此义为口病。⑦驰骋：纵横奔走，比喻纵情放荡。⑧畋猎：指打猎获取野物。畋，打猎。⑨心發狂：心旌放荡而不可制止。⑩行妨：妨害操行。妨，妨害。⑪为腹不为目：只求温饱安宁，而不为纵情声色之娱。⑫彼：指"为目"的生活。⑬此：指"为腹"的生活。此章，盲、聋、爽、狂、妨叶韵。聋，古音一作láng。江永《古韵标准》："今时方言，犹有似此。"

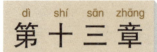

第十三章

宠辱若惊①，贵大患若身②。何谓宠辱若惊？宠为下③，得之若惊，失之若惊，是谓宠辱若惊。何谓贵大患若身？吾所以有大患者，为吾有身，及④吾无身，吾有何患？故贵以身为天下，若可寄⑤天下；爱以身为天下，若可托⑥天下。

【注释】①宠辱若惊：受宠和受辱都使人惊慌。②贵大患若身：重视大祸患就像珍视自己的身体一样。贵，重视。③宠为下：受宠是卑下的。④及：等到，达到（……程度），假若。⑤若可寄：这样才可寄托。⑥托：托付。此章，一般认为无韵。身、惊、下三字，句尾均有好几个，但同一字，不算叶韵。高本汉认为身、患叶韵，学者多不认同。

读经诵典　受益匪浅

第十四章

视之不见,名曰夷①;
听之不闻,名曰希②;
搏之不得,名曰微③。
此三者不可致诘④,
故混而为一⑤。
其上不皦⑥,其下不昧⑦。
绳绳⑧兮不可名,
复归⑨于无物⑩。
是谓无状之状,无物之象,
是谓惚恍⑪。

读经诵典　受益匪浅

迎之不见其首,随之不见其后。
执古之道,以御今之有[12]。
能知古始[13],是谓道纪[14]。

【注释】①夷:无色。②希:无声。③微:无形。④致诘:究诘,思议。⑤一:指道。⑥皦:清白、光明之意。⑦昧:阴暗。⑧绳绳:不清楚,纷纭不绝。⑨复归:还原。⑩无物:无形状的物,即道。⑪惚恍:若有若无,闪烁不定。⑫有:指具体事物。⑬古始:宇宙的原始,或道的初始。⑭道纪:道的纲纪,即道的规律。此章,夷、希、微、诘、一、昧、物叶韵,状、象、恍叶韵,首、后、道、有叶韵,始、纪叶韵。

老子

高阁听秋图　宋·佚名

第十五章

古之善为道者,微妙玄通①,深不可识。

夫唯不可识,故强为之容②:

豫兮③若冬涉川④,

犹兮⑤若畏四邻⑥,

俨兮⑦其若客;

涣兮⑧其若凌⑨释,

敦兮⑩其若朴⑪,

旷兮其若谷⑫,混浑兮⑬其若浊,

澹兮⑭其若海,飘兮⑮若无止。

读经诵典　受益匪浅

孰能浊以静⑯之徐⑰清？
孰能安以动⑱之徐生？
保此道者，不欲盈⑲。
夫唯不盈，故能蔽(敝)而新成⑳。

【注释】①微妙玄通：精妙通达。②容：形容，描述。③豫兮：迟疑慎重的意思。豫，旧说原是野兽的名称，性好疑虑。此说不为今人所信。④若冬涉川：像冬天涉大川，形容小心翼翼。⑤犹兮：谨慎胆怯的意思。犹，旧说是野兽的名称，性警觉。此说不为今人所信。⑥若畏四邻：形容不敢妄动。⑦俨兮：形容端谨、庄严、恭敬的样子。⑧涣兮：涣散的样子。⑨凌：冰。⑩敦兮：形容敦厚老实的样子。⑪朴：未经加工成器的木材。⑫旷兮其若谷：旷兮指空旷的样子，谷指山谷。⑬混兮：形容浑厚淳朴的样子。混，通"浑"。⑭澹兮：辽远广阔的样子。⑮飘兮：飘逸的样子。"澹兮"、"漂兮"两句，诸本此章皆无，出现于第二十章。按当代学者严灵峰的观点，这两句当移于此处。现从其观点置于此处，供读者参考。⑯浊以静：动荡中使之安静。⑰徐：慢慢地。⑱安以动：安定中使之变动。⑲不欲盈：不求自满。盈，满。⑳蔽而新成：去敝成新。蔽，通"敝"。破旧，敝陋。此章，通、容韵，川、邻韵，客、释韵，朴、谷、浊韵，清、生、盈、成韵。

老子松下授经　佚名

第十六章

致虚极,守静笃①。
万物并作②,吾以观复③。
夫物芸芸④,各复归其根⑤。
归根曰静,静曰复命⑥。
复命曰常⑦,知常曰明。
不知常,妄作⑧凶。
知常容⑨,容乃公⑩,公乃全⑪,
全乃天⑫,天乃道,道乃久,
没身不殆⑬。

【注释】①致虚极,守静笃:推致极度空明的状态,保持极度心静。致,一作至。极、笃均指极度。②作:生成活动。③复:循环往复。④芸芸:茂盛、纷繁。⑤归其根:根指道,归其根即复归于道。⑥复命:复归本性,重新孕育新的生命。⑦常:指万物运动变化的规律。⑧妄作:轻举妄动。⑨容:宽容、包容。⑩公:大公。⑪全:周到。全,原本作"王"或"生",此据劳健之说改。下同。⑫天:指自然。⑬没身不殆:终身不停止。没身即终身,至死;殆是停止。

第十七章

太上①,不知有之②;
其次,亲而誉之;
其次,畏之;
其次,侮之。
信不足焉,有不信焉。
悠兮③其贵言④。
功成事遂⑤,
百姓皆谓"我自然"⑥。

【注释】①太上:至上、最好,指最好的统治者。②不知有之:(人民)不知有他的存在。③悠兮:悠闲自在的样子。④贵言:指不轻易發号施令。⑤遂:完成。⑥自然:自己本来就如此。然,这样。此章,誉、侮韵,焉、言、然韵。

第十八章

大道①废,有仁义;
智慧②出,有大伪;
六亲③不和,有孝慈;
国家昏乱,有忠臣。

【注释】①大道:大的准则,指社会政治制度和秩序。②智慧:聪明、智巧。③六亲:说法不一。王弼注《老子道德经》说是父、子、兄、弟、夫、妻,这里指家庭关系。

问道图 明·陈洪绶

读经诵典　受益匪浅

第十九章

绝圣弃智①，民利②百倍；
绝仁弃义，民复③孝慈；
绝巧弃利，盗贼无有。
此三者④以为文⑤不足。
故令有所属⑥：见素抱朴⑦，
少私寡欲，绝学无忧⑧。

【注释】①绝圣弃智：抛弃聪明智巧。绝：断绝。圣：智，聪明智巧。②民利：人民的利益。③复：恢复。④此三者：指圣智、仁义、巧利。⑤文：文饰，巧饰。⑥属：归属，适从。⑦见素抱朴：意思是保持原有的自然本色。见同"现"。⑧绝学无忧：指弃绝仁义圣智之学，没有忧虑。"绝学无忧"一句，诸本皆在二十章开头。高亨、马叙伦、蒋锡昌认为当在此章结尾。今从之，供参考。此章，倍、慈、有韵，足、属、朴、欲、忧韵。

孝经图之庶人章　明·仇　英

第二十章

唯之与阿①，相去几何？
美之与恶②，相去若何？
人之所畏③，不可不畏。
荒兮④，其未央⑤哉！
众人熙熙⑥，如享飨太牢⑦，
如春登台。
我独泊⑧兮，其未兆⑨；
沌沌兮⑩，如婴儿之未孩咳⑪；
儡儡兮⑫，若无所归。
众人皆有余，而我独若遗⑬。
我愚人⑭之心也哉，沌沌兮！

读经诵典　受益匪浅

俗人昭昭⑮,我独昏昏⑯。
俗人察察⑰,我独闷闷⑱。
澹兮⑲其若海,飂兮⑳若无止,
众人皆有以㉑,而我独顽且鄙㉒。
我独异于人,而贵食母㉓。

【注释】①唯之与阿:唯,恭敬地答应。阿,怠慢地答应。唯的声音低,阿的声音高,这是区别尊贵与卑贱的用语。②美之与恶:即美好与丑恶。③畏:惧怕、畏惧。④荒兮:广漠、遥远的样子。⑤未央:未尽、未完。央本指结束。⑥熙熙:形容兴高采烈的样子。⑦如享太牢:好像参加丰盛的筵席。如即好像,享即享受,通"飨"。太牢指供祭祀用的牛、羊、猪。⑧泊:淡泊、恬静。⑨未兆:没有征兆、没有预感和迹象。⑩沌沌:混沌,不清楚。⑪孩:通"咳",形容婴儿的笑。⑫儽儽:疲倦闲散的样子。⑬遗:不足的意思。奚侗曰:"遗"借为"匮",不足之意。于省吾曰:"遗"应读为"匮"。⑭愚:纯朴、直率的状态。⑮昭昭:精明,清楚。⑯昏昏:愚昧暗昧的样子。⑰察察:严苛刻的样子。⑱闷闷:淳朴诚实的样子。⑲澹:辽远广阔的样子。⑳飂:疾风。"澹兮"两句,有学者认为此处为错简,参见第十五章注释⑮。㉑有以:有用,以即用。㉒顽且鄙:形容愚陋、笨拙。㉓贵食母:以守道为贵。食母指资养万物的道。食即养。

老子

红衣罗汉图　元·赵孟頫

第二十一章

孔德之容①,惟道是从②。
道之为物,惟恍惟惚③。
惚兮恍兮,其中有象④;
恍兮惚兮,其中有物。
窈兮冥兮⑤,其中有精⑥;
其精甚⑦真,其中有信⑧。
自今及古,其名不去,以阅⑨众甫⑩。
吾何以知众甫之状哉?以此⑪。

【注释】①孔德之容:大德的运作状貌。孔即大,容即运作、状貌。②从:随顺。③惟恍惟惚:即恍惚,若有若无,闪烁不定。④象:形象、具象。⑤窈兮冥兮:窈,深远,微不可见。冥,暗昧,深不可测。⑥精:最微小的原质。⑦甚:很。⑧信:信验。⑨阅:认识。⑩众甫:也作"父",义开始、起。⑪此:指道。

读经诵典　受益匪浅

第二十二章

曲则全①,枉则直②,洼则盈③,敝④则新,少则得,多则惑⑤。

是以圣人抱一⑥为天下式⑦。

不自见(现)⑧,故明;

不自是⑨,故彰;

不自伐⑩,故有功;

不自矜⑪,故长。

夫唯不争,故天下莫能与之争。

古之所谓"曲则全"者,

读经诵典　受益匪浅

qǐ xū yán zāi
岂虚言哉！
chéng quán ér guī zhī
诚全而归之。

【注释】 ①曲则全：委曲反而能保全。②枉则直：弯曲反而能伸展。③洼则盈：下凹陷之处反而能充盈。④敝：破旧。⑤惑：困惑，迷惑。⑥抱一：抱即守，一即道。⑦式：法式，范式。⑧见：同"现"，即显现。⑨自是：自以为正确。⑩伐：夸。⑪矜：骄傲。

老子骑牛图　清·任颐

第二十二章

读经诵典　受益匪浅

第二十三章

希言自然^①。

故飘风^②不终朝^③，骤雨^④不终日。

孰为此者？天地。

天地尚不能久，而况于人乎？

故从事于^⑤道者，同于道；

山居对弈图　南宋·无款

读经诵典　受益匪浅

德者，同于德；失者⑥，同于失。
同于道者，道亦乐得之；
同于德者，德亦乐得之；
同于失者，失亦乐得之。
信⑦不足焉，有不信⑧焉。

【注释】①希言自然：少发号施令是合乎自然的。希言即少说话。②飘风：大风、强风。③终朝：整个上午。④骤雨：大雨、暴雨。⑤从事于：追求。⑥失者：失道，失德。⑦信：诚信。⑧信：信任。

第二十三章

老子像　明·丁南羽

读经诵典　受益匪浅

第二十四章

企者不立①,跨②者不行;
自见(现)者不明,自是者不彰;
自伐者无功,自矜者不长。
其在道也,曰馀食赘行③。
物或恶之,故有道者不处④。

【注释】①企者不立:跂起脚反而站不稳。②跨:跃,越过,阔步而行。
③馀食赘行:馀食指剩饭,赘行即赘形,指赘长出的东西。④不
处:不这样处世。此章,行(古音一作háng,下同)、彰、功(古
音一作guāng)、长、行叶韵,恶、处叶韵。

山居图 元·钱 选

老子

读经诵典　受益匪浅

第二十五章

有物混成①,先天地生。
寂兮寥兮②,独立③而不改,
周行④而不殆⑤,可以为天地母⑥。
吾不知其名,强字之曰道⑦,
强为之名曰大⑧。
大曰逝⑨,逝曰远,远曰反。

孝经图之庶人章　明·仇英

故道大,天大,地大,人亦大。
域中⑩有四大,而人居其一焉。
人法地,地法天,
天法道,道法自然⑪。

【注释】①有物混成:物即东西,此指道。混成,浑然而成,指浑朴的状态。②寂兮寥兮:没有声音,没有形体。③独立:独自存在。④周行:循环运行。⑤不殆:不停息。⑥天地母:母指道,天地万物由道而产生,故称母。⑦强字之曰道:勉强命名它叫道。⑧大:形容道是无边无际、无所不包的。⑨大曰逝:道的运行周流不息。⑩域中:即空间之中,宇宙之间。⑪道法自然:道顺应自然,道纯任自然,本来如此。

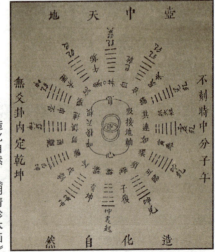

造化自然·《明清珍本画》

读经诵典　受益匪浅

第二十六章

重为轻根,静为躁①君②。
是以君子终日行不离辎重③。
虽有荣观④,燕处⑤超然。
奈何万乘⑥之主,
而以身轻⑦天下?
轻则失根,躁则失君⑧。

【注释】①躁:动。②君:主宰。③辎重:军中载运器械、粮食的车辆。④荣观:贵族游玩的地方,指华丽的生活。⑤燕处:安居之地,安然处之。⑥万乘:乘指车子的数量。万乘指拥有兵车万辆的大国。⑦轻:轻率。⑧君:主宰。

观泉图　明·仇英

读经诵典　受益匪浅

第二十七章

善行无辙迹①；善言②，无瑕讁③；

善数不用筹策④；

善闭无关楗⑤而不可开，

善结无绳约⑥而不可解。

是以圣人常善救人，故无弃人；

常善救物，故无弃物。

是谓袭明⑦。

故善人者，不善人之师；

不善人者，善人之资⑧。

不贵其师，不爱其资，

读经诵典 受益匪浅

虽(suī)智(zhì)大(dà)迷(mí),是(shì)谓(wèi)要(yào)妙(miào)⑨。

【注释】①辙迹:辙,轨迹。迹,足迹、马迹。②善言:择言而出,指善于采用不言之教。③瑕谪:过失、缺点、疵病。瑕,指玉上的斑点或裂痕。谪,指责。④筹策:古时计数的器具。⑤关楗:栓梢。⑥绳约:绳索。约,也指绳。⑦袭明:内藏智慧聪明。袭即遮、藏之意。明:指了解道的智慧。⑧资:取资、借鉴。⑨要妙:精要玄妙,深远奥秘。

第二十七章

李耳像

第二十八章
dì èr shí bā zhāng

知其雄①，守其雌②，
为天下谿③。
为天下谿，常德不离，
复归于婴儿④。
知其白，守其黑，为天下式⑤。
为天下式，常德不忒⑥，
复归于无极⑦。
知其荣，守其辱，为天下谷⑧。
为天下谷，常德乃足，复归于朴。
朴散则为器⑨，圣人用之，

^{zé} ^{wéi} ^{guān} ^{zhǎng}
则为官长⑩。
^{gù} ^{dà} ^{zhì} ^{bù} ^{gē}
故大制⑪不割⑫。

【注释】①雄：比喻刚劲、躁进、强大。②雌：比喻柔静、软弱、谦下。③谿：同"溪"，沟溪。④婴儿：象征纯真、稚气。⑤式：楷模、范式。⑥忒：过失、错过。⑦无极：意为最终的真理。⑧谷：深谷、峡谷，喻胸怀广阔。"守其黑"至"知其荣"几句，部分学者认为非《老子》原文，而是后人窜入之语。⑨器：器物，指万事万物。⑩官长：百官之长，即君主。⑪大制：指完善的制度。⑫割：分裂。

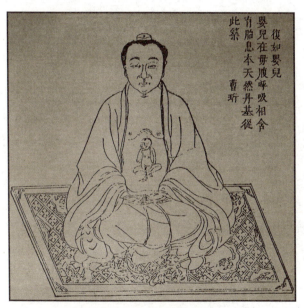

复如婴儿图　明·曹士珩

第二十九章

将欲取①天下而为之②，
吾见其不得已③。
天下神器④，不可为也，
不可执⑤也。
为者败之，执者失之。
是以圣人无为⑥，故无败；
无执，故无失。
夫物⑦或行或随，或歔⑧或吹⑨，
或强或羸⑩，或载⑪或隳⑫。
是以圣人去甚⑬，去奢，去泰⑭。

【注释】①取：为，治理。②为：指有为，靠强力去做。③不得已：不可得矣，已为语助词。④神器：神圣的物。⑤执：掌握、执掌。"不可执也"一句，原文无，据刘师培等学者之说而补入。⑥无为：顺应自然而不强制。"是以圣人"至"故无失"几句，原本在第六十四章，按奚侗之说移至此。⑦物：指人，也指一切事物。⑧歔：同"嘘"，轻声和缓地吐气。⑨吹：急吐气。⑩羸：羸弱、虚弱。⑪载：安稳。⑫隳：危险。⑬去甚：去除过分的。⑭去泰：去除太过的。

第三十章

以道佐人主者，不以兵强天下。
其事好还①。
师之所处②，荆棘生焉。
大军之後，必有凶年③。
善有果④而已，不敢以取强⑤。
果而勿矜，果而勿伐，果而勿骄，
果而不得已⑥，果而勿强。
物壮⑦则老，是谓不道⑧，
不道早已⑨。

【注释】①还：还报、报应。②师之所处：大军所到之处。③凶年：荒年、灾年。④善有果：指达到获胜的目的。果，成功，达到目的。⑤取强：逞强、好胜。⑥不得已：不得不这样。⑦物壮：强壮、强硬。⑧不道：不合于道。⑨早已：早死，很快完结。

第三十一章

夫兵者①,不祥之器,
物或恶之②,故有道者不处。
君子居则贵左③,用兵则贵右。
兵者不祥之器,非君子之器,
不得已而用之,恬淡④为上。
胜而不美,而美之者,是乐杀人⑤。
夫乐杀人者,
则不可得志于天下矣。
吉事尚左,凶事尚右。
偏将军居左,上将军居右,

言以丧礼处之。
杀人之众，以哀悲莅之⑥，
战胜以丧礼处之。

【注释】①夫：發语词。兵者：指兵器。②物或恶之：为人所厌恶。物即指人。③贵左：古人以左为阳，以右为阴，阳生而阴杀。故有尚左、尚右、居左、居右、贵左、贵右等礼仪。④恬淡：淡然、安静。⑤是乐杀人：这是指以杀人为乐。⑥莅之：到达、到场。

问礼老聃 明·孔子圣迹图

读经诵典　受益匪浅

第三十二章

道常无名、朴①。

虽小②,天下莫能臣③。

侯王若能守之,万物将自宾④。

天地相合,以降甘露,

民莫之令而自均⑤。

始制有名⑥,名亦既有,

夫亦将知止⑦,知止可以不殆⑧。

譬道之在天下,犹川谷之于⑨

江海。

【注释】①无名、朴:指道的朴质特征。②小:形容道隐无名。③臣:使之服人。④宾:服从、宾服。⑤自均:自然均匀。⑥始制有名:万物兴作,于是产生了各种名称。⑦止:止境。⑧不殆:没有危险。⑨之于:即"之在"。

读经诵典 受益匪浅

第三十三章

知人者智,自知者明。
胜人者有力,自胜者强①。
知足者富。
强行②者有志。
不失其所者久。
死而不亡③者寿。

【注释】①强:刚强、果决。②强行:勤勉行之。③死而不亡:身虽死而道犹存。

东园图 明·文徵明

读经诵典　受益匪浅

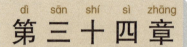

第三十四章

大道氾泛①兮，其可左右。
万物恃之以生而不辞②，
功成而不有③。
衣养④万物而不为主⑤，
常无欲⑥，可名为小；
万物归焉而不为主，可名为大。
以其终不自为大，故能成其大。

【注释】①氾：同"泛"，广泛或泛滥。②不辞：不推辞、不推让。③不有：不自以为有功。④衣养：亦作"衣被"，意为覆盖。⑤不为主：不自以为主宰。⑥常无欲：一本无此三字。此三字疑为衍文。

陆羽烹茶图　元·赵　原

读经诵典　受益匪浅

第三十五章

执大象①，天下往。
往而不害，安平太②。
乐与饵③，过客止。
道之出口④，
淡乎其无味，视之不足见，
听之不足闻，用之不足既⑤。

【注释】①大象：大道之象。②安平太：安指乃、则；太同"泰"，平和、安宁。③乐与饵：音乐和美食。④出口：表达出来。⑤既：尽。

长江积雪图　宋·佚名

读经诵典　受益匪浅

第三十六章

将欲歙①之，必固②张之；
将欲弱之，必固强之；
将欲废之，必固兴之；
将欲夺之，必固与③之。
是谓微明④。
柔弱胜刚强。
鱼不可脱于渊⑤，
国之利器⑥不可以示⑦人。

【注释】①歙：敛，合。②固：暂且。③与：给予。④微明：微妙的先兆。
⑤脱于渊：离开水池。渊，水池。⑥利器：权道。⑦示：炫耀。

悟阳子养性图　明·唐　寅

第三十七章

道常无为①而无不为②。
侯王若能守之③,万物将自化④。
化而欲⑤作,
吾将镇之以无名之朴⑥。
镇之以无名之朴,夫将不欲。
不欲以静,天下将自定⑦。

【注释】①无为:指顺其自然,不妄为。②无不为:什么事都能办成。③守之:即守道。④自化:自我化育,自生自长。⑤欲:指贪欲。⑥无名之朴:真朴的道。⑦自定:自然安定。

轩辕问道图　明·石锐

老君静观太极图　明·曹士珩

德 经

老子骑牛图 宋·晁补之

老子 像

第三十八章

上德不德①,是以有德;
下德不失德②,是以无德③。
上德无为而无以为④,
下德无为而有以为⑤。
上仁为之而无以为,
上义为之而有以为。
上礼为之而莫之应,
则攘臂⑥而扔⑦之。
故失道而後德,失德而後仁;
失仁而後义,失义而後礼。

夫礼者，忠信之薄⑧，而乱之首⑨。
前识者⑩，道之华⑪，而愚之始。
是以大丈夫处其厚⑫，不居其薄⑬；
处其实，不居其华。
故去彼取此⑭。

【注释】①**上德不德**：具备上德的人因顺应自然，不表现为形式上的德。②**下德不失德**：下德的人格守形式上的德。③**无德**：无真正的德。④**无以为**：即无心作为。⑤**有以为**：有意作为。此句的文字和句式颇有争议，这里依据的是马其昶《老子故》的见解。⑥**攘臂**：伸出手臂。⑦**扔**：强力牵引。⑧**薄**：不足、衰薄。⑨**首**：开始、开端。⑩**前识者**：有先见之明者。⑪**华**：虚华。⑫**处其厚**：立身敦厚。⑬**薄**：刻薄。⑭**去彼取此**：舍弃薄华之礼，而采取厚实的道与德。

仿古山水图　清·上　睿

第三十九章

昔之得一①者:天得一以清,
地得一以宁,神得一以灵②,
谷得一以盈,万物得一以生,
侯王得一以为天下正③。
其致之也④,
谓⑤天无以⑥清,将恐裂;
地无以宁,将恐發⑦;
神无以灵,将恐歇⑧;
谷无以盈,将恐竭⑨;
万物无以生,将恐灭;

侯王无以正,将恐蹶⑩。

故贵以贱为本,高以下为基。

是以侯王自称孤、寡、不穀⑪。

此非以贱为本邪(耶)?非乎?

故致誉无誉⑫。

是故不欲琭琭⑬如玉,珞珞⑭如石。

【注释】①得一:即得道。②灵:灵性或灵妙。③正:首领。④其致之也:推而言之。⑤谓:假如说。⑥无以:不能。⑦發:读为"廢"。古籍中"發"通"廢"常见。但《老子》一书中一般作"廢"而不作"發"。此处通常认为因"廢"字缺坏,失去"广"旁ое误为"發",也是荒廢之义。⑧歇:绝灭、停止。⑨竭:枯竭。⑩蹶:跌倒、失败。⑪不穀:不善。侯王自称。繁体字不可写作不谷。⑫无誉:毋须称誉。⑬琭琭:形容美玉华丽的样子。⑭珞珞:形容石坚实的样子。

鸿蒙奇遇图　明·谢时臣

读经诵典　受益匪浅

第四十章

反者^①道之动^②,
弱者^③道之用^④。
天下万物生于有,
有生于无。

【注释】①反者：相反对立；循环往复。②动：运动。③弱者：柔弱、渺小。④用：作用。此章，动和用叶韵。

仿宋元山水图　清·高简

读经诵典　受益匪浅

第四十一章

上士闻道,勤而行之;
中士闻道,若存若亡;
下士闻道,大笑之。
不笑不足以为道。
故建言①有之:
明道若昧,进道若退,
夷道②若颣③,上德若谷,
大白若辱④,广德若不足,
建德⑤若偷⑥,质真若渝⑦,
大方⑧无隅⑨,大器晚成⑩,
大音希声,大象无形。

道_{dào}隐_{yǐn}无_{wú}名_{míng}。

夫_{fū}唯_{wéi}道_{dào}，善_{shàn}贷_{dài}⑪且_{qiě}成_{chéng}。

【注释】①建言：古语、古谚。一说为古书名。②夷道：平坦的道路。③颣：缺点，此处指崎岖不平。④辱：黑垢。⑤建德：刚健的德，建通"健"。⑥偷：意为惰。⑦质真若渝：质朴而纯真好像浑浊。渝，变污。⑧大方：最方整的东西。⑨隅：角落、棱角。⑩大器：贵重的器物。晚成：成就迟晚，费时间。1973年在长沙市马王堆出土的汉墓帛书《老子》经文乙本作"大器免成"，似与"大方无隅""大音希声""大象无形""道隐无名"对应，特别是"免"与"无""希"等否定词类比运用。"免成"的意思一说是"不用加工、修饰"。也有人认为"免"通"晚"。1993年在湖北省荆门市郭店村楚墓出土的楚简作"大器曼成"。曼，一说通"慢"。亦似可解释为无。⑪贷：施与。

第四十一章

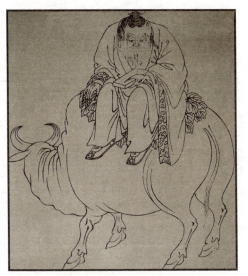

李老君像

读经诵典　受益匪浅

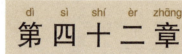

第四十二章

道生一①，一生二②，二生三③，三生万物。万物负阴而抱阳④，冲气以为和⑤。人之所恶，唯孤、寡、不穀⑥，而王公以为称。故物或损之而益，或益之而损。人之所教，我亦教之：强梁者⑦不得其死。吾将以为教父⑧。

【注释】①一：老子用以代替道，即道是绝对无偶的。②二：指阴气、阳气。③三：即是由两个对立的方面产生的第三者。④负阴而抱阳：背阴而向阳。⑤冲气以为和：阴阳二气交互冲和成均调和谐的状态。⑥孤、寡、不穀：君主自称的谦词。⑦强梁者：凶暴强横的人。⑧教父：一家之首称父，教父即教首，即教人的头儿。"人之所恶"句至结尾，蒋锡昌《老子校诂》云"上下文词似若不接"。高亨、陈柱、严灵峰认为是第三十九章文字误植入此。

第四十三章

天下之至柔,
驰骋①天下之至坚。
无有②入无间③,
吾是以知无为之有益。
不言之教,无为之益,
天下希稀④及之⑤。

【注释】①驰骋:形容马奔跑的样子,这里作"驾御"讲。②无有:指无形的东西。③无间:没有间隙的东西。④希:同"稀",稀少。⑤及:做得到。此章,坚、间叶韵。

二马图 元·任仁發

读经诵典　受益匪浅

第四十四章

名与身孰亲？
身与货①孰多②？
得③与亡④孰病⑤？
甚爱⑥必大费⑦，多藏必厚亡⑧。
故知足不辱，知止不殆⑨，
可以长久。

【注释】①货：财富。②多：重的意思。③得：指名利。④亡：指丧失性命。⑤病：有害。⑥甚爱：过于爱名。⑦大费：付出很大的耗费。⑧厚亡：惨重的损失。⑨殆：危险。

茗情琴意图　清·吕学

读经诵典　受益匪浅

第四十五章

大成①若缺,其用不弊②。
大盈若冲③,其用不穷。
大直若屈④,大巧若拙,
大辩若讷⑤。
静胜躁,寒胜热。
清静为天下正⑥。

【注释】①大成:最为完满的东西。②弊:竭、尽。③冲:古字为盅,虚空。④屈:曲。⑤讷:言语迟钝。⑥为天下正:(能清能静)则为天下之长。

墨竹图　元·李衎

读经诵典　受益匪浅

第四十六章

天下有道,却①走马②以粪③;
天下无道,戎马④生于郊⑤。
祸莫大于不知足,
咎⑥莫大于欲得⑦。
故知足之足,常足矣。

【注释】①却:摒去,退回。②走马:善跑的马。③粪:耕种,播种。④戎马:战马。⑤生于郊:指牝马在战地的郊野外生产小马驹。此处文本据王弼注《老子》。但所见几个版本,此句之下有"罪莫大于可欲"一句,参考诸种典籍,有这一句为是。⑥咎:过错。⑦欲得:贪得无厌。"祸莫"两句,1993年在湖北省荆门市郭店村楚墓出土的楚简作"咎莫僉乎欲得,祸莫大乎不知足"。按此,这两句似乎应颠倒前后位置,方与全章最后一句较好衔接。

浴马图　元·赵孟頫

读经诵典　受益匪浅

第四十七章

不出户①，知天下；
不窥②牖③，见天道④。
其出弥⑤远，其知弥少。
是以圣人不行而知，
不见而明⑥，不为⑦而成。

【注释】①户：单扇门叫户。②窥：从小孔隙里看。③牖：窗户。④天道：日月星辰运行的自然规律。⑤弥：越，愈。⑥不见而明：不窥见而明天道。⑦不为：无为，不妄为。此章，户、下韵，牖、道韵，明、成韵。

风雪杉松图　金·李山

第四十八章

为学①日益②,为道③日损④。
损之又损,以至于无为。
无为而无不为⑤。
取⑥天下常以无事⑦,
及其有事⑧,不足以取天下。

【注释】①为学:指对政教礼乐的追求。②日益:(知识)一天一天增加。③为道:领悟自然之道,无为之道。④日损:日渐泯损。⑤无不为:没有什么事情做不成。⑥取:治理。⑦无事:无扰攘之事。⑧有事:即有为,政治措施繁多严苛。

猗兰室图　明·文徵明

第四十九章

圣人无常心①，以百姓心为心。
善者，吾善之；
不善者，吾亦善之；德[得]②善。
信者，吾信之；
不信者，吾亦信之；德[得]信。
圣人在天下，歙歙焉③；
为天下浑其心④，百姓皆注其耳目⑤，
圣人皆孩之⑥。

【注释】①无常心：没有固定不变的意志。1973年在长沙市马王堆出土的汉墓帛书《老子》经文乙本作"恒无心"。学界由此认为，此处当作"常无心"。无心，没有私心。②德：假借为得。③歙歙焉：和谐、和顺的样子。歙：收敛、合。④浑其心：使人心思化归于浑朴。⑤注其耳目：关注自己的事情。⑥孩之：使其回复到婴孩般纯真质朴的状态。

读经诵典　受益匪浅

第五十章

出生入死①。

生之徒②，十有又三③；

死之徒④，十有又三；

人之生，动之于死地⑤，

亦十有又三。

夫何故？以其生生之厚⑥。

盖⑦闻善摄生⑧者，

路行不遇兕⑨虎，

入军⑩不被⑪甲兵⑫；

兕无所投其角，

读经诵典　受益匪浅

虎无所用其爪,
兵无所容其刃。
夫何故?以其无死地⑬。

【注释】①出生入死：人出世为生，入地为死。②生之徒：即长寿的人类。③十有三：十分之三。④死之徒：夭折的一类。⑤人之生，动之于死地：人本来可以长生的，却意外地走向死路。⑥生生之厚：由于求生过度，奉养过厚。⑦盖：语助词。⑧摄生：养生之道。⑨兕：犀牛。⑩入军：到军队中参战。⑪被：遭受。⑫甲兵：兵器。⑬无死地：没有进入死亡范围。

第五十章

临宋人画之弈棋　明·仇英

第五十一章

道生之①，德畜之，
物形之，势②成之。
是以万物莫不尊道而贵德。
道之尊，德之贵，
夫莫之命③而常自然。

临宋人画之闲居　明·仇　英

故道生之,德畜之;
长之育之,亭之毒之④,
养⑤之覆⑥之。
生而不有,为而不恃,
长而不宰。
是谓玄德⑦。

【注释】①之:指万物。②势:万物生长的自然环境。③莫之命:不干涉或主宰万物,任万物自化自成。④亭之毒之:有两种解释,一种说亭是安,毒是定,即安之定之。一种说亭音chéng,义为成;毒音shú,义为熟;即使之成熟。⑤养:爱养、护养。⑥覆:覆盖、遮护、维护。⑦玄德:即上德。

第五十一章

临宋人画之浴婴　明·仇英

读经诵典　受益匪浅

第五十二章

天下有始,以为天下母①。

既得其母,以知其子②;既知其子,复守其母,没身不殆。

塞其兑③,闭其门④,终身不勤⑤。

开其兑,济其事⑥,终身不救。

见小⑦曰明,守柔曰强⑧。

用其光,复归其明,无遗⑨身殃⑩;是为习袭常⑪。

【注释】①母:根源,此处指道。②子:派生物,指由母所产生的万物。③兑:《易·说卦》:"兑为口。"此处引申为孔穴。④门:指门径。⑤勤:劳作。⑥开其兑,济其事:打开嗜欲的孔穴,助成其求知逞欲的事。⑦见小:能察见细微。⑧强:强健,自强不息。⑨遗:招致。⑩殃:灾祸。⑪习常:袭承常道。习通"袭"。

第五十三章

使我①介然有知②,行于大道③,唯施(迤)④是畏。

大道甚夷⑤,而人好径⑥。

朝甚除⑦,田甚芜,仓甚虚;服文采⑧,带利剑,厌饮食⑨,财货有馀;是谓盗夸⑩。

非道也哉!

【注释】①我:指有道的圣人。老子在这里托言自己。②介然有知:稍有知识。介,微小。③道:路。④施:通"迤",邪曲。⑤夷:平坦。⑥人好径:人君喜欢走邪径。⑦朝甚除:朝政非常败坏。⑧服文采:穿华丽的衣裳。服:穿。⑨厌饮食:饱得不愿再吃。厌,饱足。⑩盗夸:即大盗、盗魁。

兰雪堂图 清·柳遇

第五十四章

善建者不拔，善抱①者不脱，
子孙以祭祀不辍②。
修之于身，其德乃真；
修之于家，其德乃馀；
修之于乡，其德乃长③；

孔子圣蹟图之观蜡论俗

读经诵典　受益匪浅

修_{xiū}之_{zhī}于_{yú}邦_{bāng}，其_{qí}德_{dé}乃_{nǎi}丰_{fēng}④；
修_{xiū}之_{zhī}于_{yú}天_{tiān}下_{xià}，其_{qí}德_{dé}乃_{nǎi}普_{pǔ}⑤。
故_{gù}以_{yǐ}身_{shēn}观_{guān}身_{shēn}，以_{yǐ}家_{jiā}观_{guān}家_{jiā}，
以_{yǐ}乡_{xiāng}观_{guān}乡_{xiāng}，以_{yǐ}邦_{bāng}观_{guān}邦_{bāng}，
以_{yǐ}天_{tiān}下_{xià}观_{guān}天_{tiān}下_{xià}。
吾_{wú}何_{hé}以_{yǐ}知_{zhī}天_{tiān}下_{xià}然_{rán}⑥哉_{zāi}？以_{yǐ}此_{cǐ}⑦。

【注释】①抱：抱持。②辍：停止、终止。③长：尊崇。④丰：广大。⑤普：普遍。⑥然：这样。⑦以此：凭这些道理。

第五十四章

颐养天和图　明·刘珏

第五十五章

含德之厚,比于赤子①。
毒虫不螫②,猛兽不据③,
攫④鸟不搏⑤。
骨弱筋柔而握固⑥。
未知牝牡之合而全䘒作⑦,

八仙图之何仙姑与蓝采禾　明·张路

精之至也。

终日号而不嗄⑧,和之至也。

知和曰常⑨,知常曰明。

益生⑩曰祥⑪。

心使气曰强⑫。

物壮则老,谓之不道,

不道早已⑬。

【注释】①赤子:初生的婴儿。②螫:毒虫用毒刺刺人。③据:兽类用爪、足攫取物品。④攫:用脚爪抓取食物。⑤搏:用爪击物。⑥握固:把握得很牢固。⑦全作:婴孩的生殖器勃起。全通"朘",男孩的生殖器。⑧嗄:嗓音嘶哑。⑨常:指事物运作的规律。⑩益生:纵欲贪生。⑪祥:古时指吉祥,有时也指妖祥、不祥。此处指不祥。⑫强:逞强、强暴。⑬已:完结。

闸口盘车图 宋·无款

读经诵典　受益匪浅

第五十六章

知智者不言，言者不知智。

塞其兑①，闭其门，

挫其锐，解其纷，

和其光，同其尘，是谓玄同②。

故不可得而亲，不可得而疏；

不可得而利，不可得而害；

不可得而贵，不可得而贱。

故为天下贵。

【注释】①兑：气孔。"塞其兑，闭其门"两句，已在五十二章出现。马叙伦《老子校诂》认为此处出现这两句，乃五十二章语句误入，应删。②玄同：玄妙齐同，此处也是指道。

第五十七章

以正①治国，以奇②用兵，
以无事③取天下④。
吾何以知其然哉？
以此：天下多忌讳⑤，而民弥⑥贫；
人多利器⑦，国家滋昏；
人多伎巧⑧，奇物⑨滋起；

风林观雁图　明·张　路

读经诵典　受益匪浅

法令滋彰，盗贼多有。
故圣人云："我无为，而民自化⑩；
我好静，而民自正；
我无事，而民自富；
我无欲，而民自朴。"

【注释】①正：正常平易的方法，指清静之道。②奇：出奇诡秘的计谋。③无事：即无为，不妄为。④取天下：治理天下。⑤忌讳：禁忌、避讳。⑥弥：越、愈。⑦利器：锐利的武器。⑧伎巧：指技巧，智巧。⑨奇物：邪事、奇事。⑩自化：自我化育。

老子

田家乐　明·《便民图纂》

第五十八章

其政闷闷①,其民淳淳②;
其政察察③,其民缺缺④。
祸兮福之所倚,福兮祸之所伏。
孰知其极?其无正也⑤。
正复为奇⑥,善复为妖⑦。
人之迷,其日固久。
是以圣人方而不割⑧,廉而不刿⑨,
直而不肆⑩,光而不耀⑪。

【注释】①闷闷:昏昏昧昧的状态,有宽厚的意思。②淳淳:淳朴厚道的意思。③察察:严厉、苛刻。④缺缺:狡黠、抱怨、不满足之意。⑤其无正也:它们并没有确定的标准。⑥正复为奇:正的变为邪的。正指标准、确定,奇指福祸变换。⑦善复为妖:善的变成恶的。善即良好,妖即邪恶。⑧方而不割:方正而不割伤人。⑨廉而不刿:锐利却不伤害人。廉即锐利,刿即割伤。⑩肆:放肆。⑪耀:刺眼。

第五十九章

治人事天，莫若啬①。
夫唯啬，是谓早服②。
早服谓之重积德③。
重积德则无不克④，
无不克则莫知其极。
莫知其极，可以有国⑤；
有国之母⑥，可以长久。
是谓深根⑦固柢⑧、长生久视之道。

【注释】①啬：爱惜、保养。②早服：早为准备。③重积德：不断地积德。④克：战胜。⑤有国：保有国家。⑥母：根本、原则。⑦根：树根向四边伸的叫根。⑧柢：树根向下扎的叫柢。

第六十章

治大国，若烹小鲜①。
以道莅②天下，其鬼不神③；
非④其鬼不神，其神不伤人；
非其神不伤人，
圣人亦不伤人。
夫两不相伤⑤，故德交归焉⑥。

【注释】①小鲜：小鱼。②莅：临。③神：灵，起作用。④非：不惟、不仅。⑤两不相伤：鬼神和圣人不侵越人。⑥交归焉：回复到这里。此章，鲜、神、人、焉叶韵。

云林同调图　清·禹之鼎

读经诵典　受益匪浅

第六十一章

大邦者下流①,天下之牝②,天下之交③也。

牝常以静胜牡④,以静为下⑤。

故大邦以下小邦,则取⑥小邦;小邦以下大邦,则取大邦。

故或⑦下以取,或下而取。

大邦不过欲兼畜人⑧,

小邦不过欲入事人⑨。

夫两者各得所欲,大者宜为下。

【注释】①下流：居于下流,处于水的下游。邦,一般版本作"国"。1973年在长沙市马王堆出土的汉墓帛书《老子》经文甲本作"邦",此从之。下同。②牝：雌性。③交：汇集、汇总。④牡：雄性。⑤下：谦下。⑥取：取得信任。⑦或：有时。⑧兼畜人：把人聚在一起加以养护。兼即聚拢起来,畜即养。⑨入事人：侍奉别人。

第六十二章

道者万物之奥①。
善人之宝,不善人之所保②。
美言可以市尊③,美行可以加人④。
人之不善,何弃之有?
故立天子,置三公⑤,

松溪钓艇图 明·史 文

虽有拱璧⁶以先驷马⁷,
不如坐进⁸此道。
古之所以贵此道者何?
不曰⁹:求以得,有罪以免邪⑩?
故为天下贵。

【注释】①奥:深。②不善人之所保:不善之人也要保持它。③市尊:换来别人的敬仰。④加人:让人看重。⑤三公:太师、太傅、太保。⑥拱璧:指双手捧着贵重的玉。⑦驷马:四匹马驾的车。古代的献礼,轻物在先,重物在後。⑧坐进:坐而进献。⑨不曰:岂不是说。⑩邪:通"耶",语气词。此章,奥、宝、叶韵,尊、人叶韵。

老子骑牛图　明·陈洪绶

读经诵典　受益匪浅

第六十三章

为无为①，事无事②，味无味③。
大小多少④。报怨以德⑤。
图难⑥于其易⑦，为大于其细。
天下难事，必作于易；
天下大事，必作于细。
是以圣人终不为大⑧，故能成其大。
夫轻诺⑨必寡信⑩，多易必多难。
是以圣人犹⑪难之，故终无难矣。

【注释】①为无为：以无为的态度去作为。②事无事：以无事的方式做事。无事即不创新，顺应自然。③味无味：玩味恬淡味。无味即寡淡无味。即顺应自然，恬淡处世。④大小多少：大生于小，多起于少。⑤报怨以德：即以德报怨，用恩德去报答别人的仇怨。此句，陈柱、马叙伦认为当在七十九章"和大怨"句之上，严灵峰认为当在七十九章"必有余(馀)怨"句之下。⑥图难：处理困难的事。⑦于其易：从容易的地方开始。⑧不为大：有道的人不自以为大。⑨轻诺：轻易许诺。⑩寡信：很少讲信用。⑪犹：均，都。

读经诵典　受益匪浅

第六十四章

其安易持①，其未兆②易谋，
其脆易泮(判)③，其微易散。
为之于未有④，治之于未乱。
合抱之木，生于毫末⑤；
九层之台，起于累土⑥；
千里之行，始于足下。
为者⑦败之，执者⑧失之。
是以圣人无为，故无败；
无执故无失。
民之从事，常于几⑨成而败之。

慎终⑩如始，则无败事。
是以圣人欲不欲⑪，
不贵难得之货；
学不学⑫，复⑬众人之所过；
以辅万物之自然而不敢为⑭。

【注释】①持：维持，掌握。②兆：迹象，征兆。③其脆易泮：物品脆弱就容易消解。泮：古与判通用，散，解。④未有：没有发生，没有出现。⑤毫末：细小的萌芽。⑥累土：堆土。累通"蔂"，土笼。⑦为者：妄为的人。关于"为者败之"至"故无失"几句，马叙伦《老子校诂》："'为者'两句为二十九章文，此重出。'是以'两句乃二十九章错简。"奚侗持类似观点。参见二十九章及其注释。⑧执者：紧抓不放的人。⑨几：差不多。⑩慎终：谨慎至终结。⑪欲不欲：向往别人所不向往的。不欲，别人所不向往的。⑫学不学：学习别人所不学的。⑬复：改正错误。⑭不敢为：不妄为。陈鼓应《老子注译及评介》："是以圣人欲不欲"以下三十三个字，与上文文义无关，显是他章错入。

第六十四章

问道图　明·陈洪绶

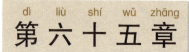

古之善为道者，
非以明民①，将以愚之②。
民之难治，以其智多。
故以智治国，国之贼③；
不以智治国，国之福。
知此两者，亦稽式④。
常知稽式，是谓玄德。
玄德深矣，远矣，与物反矣⑤，
然後乃至大顺⑥。

【注释】①**非以明民**：不是用知识来使人民变得聪明。以：用。明：使聪明。②**愚之**：使之愚，使其敦厚朴实不作伪。③**贼**：祸害。④**稽式**：亦作楷式、揩式，指法式、法则。按朱骏声《说文通训定声》，稽假借为楷。⑤**与物反矣**：一种解释为德与万物性质相反，一种解释为德与万物复归于真朴。⑥**大顺**：自然。

第六十六章

江海之所以能为百谷王者①，以其善下之②，故能为百谷王。是以③圣人欲上民④，必以言下之；欲先⑤民，必以身後之。是以圣人处上而民不重⑥，处前而民不害⑦。是以天下乐推⑧而不厌⑨。以其不争，故天下莫能与之争。

【注释】①为百谷王者：成为百川峡谷所归附的地方的原因。②善下之：善于处在低下的地位。③是以：因此。④上：（地位）在……之上，即统治。⑤先：在……之前，即领导。⑥重：重负。⑦害：妨害、为害。⑧推：推崇、爱戴。⑨厌：厌弃。

第六十七章

天下皆谓我"道"大,似不肖①。

夫唯②大,故似不肖。

若肖,久矣其细也夫!

我有三宝,持而保之:

一曰慈③,二曰俭④,

三曰不敢为天下先⑤。

慈,故能勇;俭,故能广⑥;

不敢为天下先,故能成器长⑦。

今舍慈且⑧勇,舍俭且广,

舍后且先,死矣!

读经诵典　受益匪浅

夫慈,以战则胜,以守则固。
天将救之,以慈卫之。

【注释】①似不肖:好像不大像。肖:与……相似。开头至"久矣其细也夫"几句,严灵峰、陈鼓应认为:本章谈"慈",这一段和下文的意义似不相应,疑是他章错简。严灵峰认为可移到三十四章"故能成其大"句下。②唯:只有,正因为。③慈:慈爱、宽容。④俭:节俭,有而不用尽。⑤为天下先:走在天下人的前面。⑥广:宽广,指宽裕。⑦器长:万物的首长。器,指万物。⑧且:取,求。此章,勇、广、长叶韵。

第六十七章

人物山水图　明·尤求

第六十八章

善为士①者,不武②;
善战者,不怒③;
善胜敌者,不与④;
善用人者,为之下⑤。
是谓不争之德,是谓用人之力,
是谓配天⑥,古之极⑦。

【注释】①士:这里作将帅讲。②不武:不逞勇武。③不怒:不强悍,不愤怒。④不与:不争,不正面冲突。⑤为之下:对人态度谦下。⑥配天:符合自然之道。⑦古之极:古来最高的准则。极是准则、标准。此章,武、怒、与、下韵,德、力、极韵。

秀野轩图　元·朱德润

第六十九章

用兵有言：
"吾不敢为主①，而为客②；
不敢进寸，而退尺。"
是谓行无行③，攘无臂④，
仍无敌⑤，执无兵⑥。
祸莫大于轻敌⑦，轻敌几丧吾宝。
故抗兵相若⑧，哀⑨者胜矣。

【注释】①为主：主动进攻，进犯敌人。②为客：被动退守，不得已而应敌。③行无行：排列阵势，就像没有阵势那样。前一个行是动词，排阵，後一个行是行列，阵势。④攘无臂：要振臂，却像没有臂膀可举一样。攘臂，怒而奋臂。⑤仍无敌：面临敌人，却像没有一样。仍，也作"扔"。就，对抗。⑥执无兵：拿兵器，却像没有兵器可执。兵，兵器。⑦轻敌：轻视敌人。⑧相若：相当。⑨哀：悲悯，慈悲。

读经诵典　受益匪浅

第七十章

吾言甚易知，甚易行。
天下莫能知，莫能行。
言有宗①，事有君②。
夫唯无知，是以不我知。
知我者希，则③我者贵。
是以圣人被披褐④而怀玉⑤。

【注释】①宗：主旨。②君：主，根本，即依据。③则：法则。此处用做动词，意为效法。④被褐：穿着粗布衣。被同"披"，穿着；褐指粗布。⑤怀玉：怀揣着知识和才能。

老子

人物画之求仙图
明·郭诩

第七十一章

知不知①，尚矣；
不知知②，病也。
圣人不病，以其病病③。
夫唯病病，是以不病。

【注释】①知不知：知道却不自以为知道。②不知知：不知道却自以为知道。③病病：把病当做病。病，毛病、缺点。病，顾炎武《唐韵正》说其古音为平漾反。按此说，则此章尚与病协韵。

问津图　明·吴　伟

读经诵典　受益匪浅

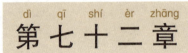

第七十二章

民不畏威①，则大威②至。
无狎③其所居，无厌④其所生。
夫唯不厌，是以不厌⑤。
是以圣人自知不自见(现)⑥，
自爱不自贵⑦。
故去彼取此。

【注释】①畏威：畏惧威压。②大威：大的祸乱。威即威胁。③狎：狎通"狭"，压迫、逼迫。④无厌：不嫌弃、排斥。厌即嫌弃、排斥。⑤夫唯不厌，是以不厌：只有统治者不嫌弃、排斥，人民才不厌恶他。⑥自见：见同"现"，自见即自我表现。⑦自贵：自以为高贵。

桃花源图　明·宋　旭

第七十三章

勇于敢①则杀,勇于不敢②则活。
此两者,或③利或害。
天之所恶,孰知其故?
是以圣人犹难之④。
天之道⑤,不争而善胜,
不言而善应,不召而自来,
繟然⑥而善谋。
天网⑦恢恢⑧,疏而不失⑨。

【注释】①勇于敢:勇于敢做。②不敢:不敢做。③或:有的。④"是以"一句,六十三章早已出现,有的版本并无此句。学者多认为此处重出,宜删。⑤天之道:指自然的规律。⑥繟然:安然,坦然。⑦天网:天道如大网、法网。⑧恢恢:广大、宽广。⑨疏而不失:虽然宽疏但不漏失。疏,稀疏。

第七十四章

民不畏死,奈何以死惧之?
若使民常畏死,而为奇①者,
吾得执②而杀之,孰敢?
常有司杀者③杀。
夫代④司杀者杀,是谓代大匠⑤斲⑥,
夫代大匠斲者,希有⑦不伤其手矣。

【注释】①为奇:邪恶的行为。奇即诡异乱群。②执:拘押。③司杀者:指专管杀人的人。④代:代替。⑤大匠:工匠的首领。⑥斲:砍、削。⑦希有:少有。希同"稀"。

山水人物图之渔父　明·陆　治

第七十五章

民之饥,以其上①食税②之多,是以饥。

民之难治,以其上之有为③,是以难治。

民之轻死④,以其上求生之厚,是以轻死。

夫唯无以生为⑤者,是贤⑥于贵生⑦。

【注释】①以其上:因为民的统治者。②食税:吃税赋。③有为:强作妄为。④轻死:轻视死亡,即不怕死。⑤无以生为:不贵生,即生活不要过分奢厚,也就是生活变得恬淡。生指奉养。河上公注:"夫唯独无以生为务者,爵禄不干于意,财利不入于身,天子不得臣,诸侯不得使,则贤于贵生也。"傅奕本"为"下有"贵"字,敦煌辛本"为"下有"生"字。⑥贤:胜过。⑦贵生:厚养生命。

春耕草堂图 清·禹之鼎

读经诵典　受益匪浅

第七十六章

人之生也柔弱①,其死也坚强②。
草木之生也柔脆③,其死也枯槁④。
故坚强者死之徒⑤,柔弱者生之徒。
是以兵强则灭,木强则折⑥。
强大处下,柔弱处上。

【注释】①**柔弱**：指人活着的时候身体是柔软的。②**坚强**：指人死了以後身体就变得僵硬了。③**柔脆**：柔软脆弱。④**枯槁**：草木凋败干枯。⑤**死之徒**：属于死亡的一类,徒指类。⑥**折**：砍伐。

卧云草堂图　明·蓝瑛

第七十七章

天之道,其犹张弓①与欤?
高者抑之②,下者举之;
有馀③者损之,不足④者补之。
天之道,损有馀而补不足;
人之道,则不然,损不足以奉⑤有馀。
孰能有馀以奉天下,唯有道者。
是以圣人为而不恃⑥,
功成而不处⑦,其不欲见现⑧贤。

【注释】①张弓:拉开了弦的弓。②高者抑之:弦位高了,就把它压低。高指弦位高,抑指压。③有馀:指弦太长。④不足:指弦太短。⑤奉:供奉。⑥恃:自恃己能。⑦处:占有,享有。⑧见:同"现",表现。关于"是以圣人"句至结尾,奚侗说:"三句与上文谊不相附,上二句已见二章,又复出于此。"严灵峰《老子章句新编》引日本学者市川匡说:"古注误入。"陈鼓应同意此观点。

读经诵典　受益匪浅

第七十八章

天下莫柔弱于水，
而攻坚强者莫之能胜，
以其①无以②易③之。
弱之胜强，柔之胜刚，
天下莫不知，莫能行④。
是以圣人云：
"受国之垢⑤，是谓社稷主⑥；
受国不祥⑦，是为天下王。"
正言若反⑧。

【注释】①以其：因为，由于。此句，一般版本"其"前无"以"字。朱谦之《老子校释》说景福本有"以"字。1973年在长沙市马王堆出土的汉墓帛书《老子》经文甲本和乙本都有"以"字。蒋锡昌说"以其"一词为老子习用之语。据此补上。②无以：没有能。③易：替换。④行：做得到。⑤受国之垢：承担全国的屈辱。垢，屈辱。⑥社稷主：国家的君主。社指土地神，稷指毂神，社稷指国家。⑦不祥：灾难、祸害。⑧正言若反：正面的话好像反话一样。

读经诵典　受益匪浅

第七十九章

和①大怨，必有馀怨；
报怨以德②，安可以为善？
是以圣人执左契③，
而不责④于人。
有德司契，无德司彻⑤。
天道无亲⑥，常与⑦善人。

【注释】①和：调和，调解。②"报怨以德"一句，诸多版本这里并无此句，而是出现在第六十三章。参见六十三章注释⑤。③执左契：契即契约，古时刻木为契，剖分左右，负债人订立左契交给债权人收执。执左契即保存着别人的借据。④责：索取偿还。⑤司彻：掌管税收，彻是周代的税法。⑥无亲：没有偏亲偏爱。⑦与：给予。

北京八景图　明·王绂

读经诵典　受益匪浅

第八十章

老子

小国寡民①。
使②有什伯(佰)之器③而不用,
使民重死④而不远徙⑤。
虽有舟舆⑥,无所乘之;
虽有甲兵⑦,无所陈⑧之。
使民复结绳⑨而用之。
至治之极。
甘其食,美其服,
安其居,乐其俗。
邻国相望,鸡犬之声相闻,

mín zhì lǎo sǐ bù xiāng wǎng lái
民至老死不相往来。

【注释】①小国寡民：使国家变小，使人民稀少。小即变小，寡即变少。②使：即使。③什伯之器：各种各样的器具。什伯：意为极多、多种多样。伯通"佰"。④重死：看重死亡，即不轻易冒着生命危险去做事。⑤徙：迁移、远走。⑥舆：车子。⑦甲兵：武器装备。⑧陈：陈列，布阵。⑨结绳：文字产生以前人们以绳记事。

第五十四化谭天地图·《老君历世应化图说》

第八十章

第八十一章

信言①不美,美言不信。
善者不辩②,辩者不善。
知(智)者不博③,博者不知(智)。
圣人不积④,既以为人⑤己愈有,
既以与人己愈多。
天之道,利而不害⑥;
圣人之道⑦,为而不争⑧。

【注释】①信言:真实可信的话。②辩:巧辩、花言巧语。③博:广博、渊博。④积:积藏。⑤既以为人:已经用来为别人。既是已经,以是用来,为人即为别人。⑥利而不害:有好处而无损害。⑦道:行为准则。此句,有的版本无"圣"字。⑧为而不争:做任何事都不与人争夺。

大 学

文苑图 唐·周文矩

大学章句序

　　大学之书，古之大学所以教人之法也。盖自天降生民，则既莫不与之以仁义礼智之性矣。然其气质之禀或不能齐，是以不能皆有以知其性之所有而全之也。一有聪明睿智能尽其性者出于其间，则天必命之以为亿兆之君师，使之治而教之，以复其性。此伏羲、神农、黄帝、尧舜所以继天立极，而司徒之职、典乐之官所由设也。三代之隆，其法寖备，然后王宫、国都以及闾巷，莫不有学。人生八岁，则自王公以下至于庶人之子弟，皆入小学，而教之以洒扫、应对、进退之节，礼乐、射御、书数之文；及其十有五年，则自天子之元子、众子，以至公、卿、大夫、元士之嫡子，与凡民之俊秀，皆入大学，而教之以穷理、正心、修己、治人之道。此又学校之教、大小之节所以分也。夫以学校之设，其广如此；教之之术，其次第节目之详又如此；而其所以为教则又皆本之人君躬行心得之余，不待求之民生日用彝伦之外，是以当世之人无不学。其学焉者，无不有以知其性分之所固有、职分之所当为，而各俛焉以尽其力。此古昔盛时所以治隆于上，俗美于下，而非后世之所能及也。及周之衰，贤圣之君不作，学校之政不修，教化陵夷，风俗颓败，时则有若孔子之圣，而不得君师之位以行其政教。于是独取先王之法，诵而传之，以诏后世。若《曲礼》、《少仪》、《内则》、《弟子职》诸篇，固小学之支流余裔。而此篇者，则因小学之成功以著大学之明法，外有以极其规模之大，而内有以尽其节目之详者也。三千之徒，盖莫不闻其说，而曾氏之传独得其宗，于是作为传义，以发其意。及孟子没而其传泯焉，则其书虽存，而知者鲜矣。自是以来，俗儒记诵词章之习，其功倍于小学而无用；异端虚无寂灭之教，其高过于大学而无实。其他权谋、术数，一切以就功名之说，与夫百家、众技之流，所以惑世诬民。充塞仁义者，又纷然杂出乎其间，使其君子不幸而不得闻大道之要，其小人不幸而不得蒙至治之泽，晦盲否塞，反覆沉痼，以及五季之衰，而坏乱极矣！天运循环，无往不复。宋德隆盛，治教休明，于是河南程氏两夫子出，而有以接乎孟氏之传，实始尊信此篇而表章之。既又为之次其简编，发其归趣，然后古者大学教人之法、圣经贤传之指，粲然复明于世。虽以熹之不敏，亦幸私淑而与有闻焉。顾其为书犹颇放失，是以忘其固陋，采而辑之，间亦窃附己意，补其阙略，以俟后之君子。极知僭逾，无所逃罪，然于国家化民成俗之意、学者修己治人之方，则未必无小补云。

　　　　　　　　　　　　　　　　　　淳熙己酉二月甲子，新安朱熹序

一 明德章

大学①之道：在明明德②，在亲民③，在止④于至善。知止而後有定⑤，定而後能静，静而後能安，安而後能虑，虑而後能得⑥。物有

【注释】①**大学**：即博学，广泛地、大量地学习。②**明明德**：使明德显露出来。前"明"是动词，彰明之意。明德是光明的德性，善德。③**亲民**：按程颐的观点，应为"新民"，即使人自新。王阳明认为"亲"并无误。④**止**：达到。⑤**定**：确定的志向。⑥**得**：指有所收获，得到至善。

杏园雅集图 明·谢环

本末①，事有终始，知所先后，则近道②矣。

古之欲明明德于天下者，先治③其国④；欲治其国者，先齐其家⑤；欲齐其家者，先修其身⑥；欲修其身者，先正其心⑦；欲正其心者，先诚其意⑧；欲诚其意者，先致其知⑨；致知在格物⑩。物格而后知至，知至而后意诚，意诚而后心正，心正而后身修，身修而后家齐，家齐而后国治，国治而

【注释】①**本末**：本指树干，是根本；末指树梢，指枝节。②**近道**：接近大学的原则。③**治**：治理好。④**国**：周朝实行分封制，天子将部分土地和奴隶分封给诸侯，诸侯的封地叫做国。⑤**齐其家**：使其家族齐心。⑥**修其身**：修养自身的品德。⑦**正其心**：端正其心思。⑧**诚其意**：使其想法真诚。诚是使真诚。⑨**致其知**：获得知识。致，得到。知，知识。⑩**格物**：穷究事物的原理。格，推究。物，事物之理。

後天下平。

自天子以至于庶人①,壹②是皆以修身为本。其本③乱而末治④者,否⑤矣;其所厚者薄⑥,而其所薄者厚,未之有也⑦。

【注释】①庶人:西周以後指农业生产者。秦以後指没有官爵的平民。②壹:一切,一概。③本:根本。④末治:指其他方面治理成功。⑤否:不可能。⑥其所厚者薄:该尊重却轻忽。厚即尊重,薄即轻薄。⑦未之有也:"未有之也"的倒装,即没有这种事。

一 明德章

西园雅集图 (部分) 宋·马远

二 康诰章

《康诰》①曰:"克明德②。"《大甲》③曰:"顾④諟⑤天之明命⑥。"《帝典》⑦曰:"克明峻⑧德。"皆自明也。

【注释】①《康诰》:《尚书》篇名。②克明德:能够彰明德性。克指能,明指彰明,德指德性。③《大甲》:《尚书》篇名。④顾:思念。⑤諟:古是字,即这或此。⑥明命:明确的安排。⑦《帝典》:指《尚书》篇名。⑧峻:高伟,伟大。《尚书·尧典》作"俊"。

仿古山水图 清·上睿

三盘铭章

汤之盘铭①曰:"苟日新②,日日新③,又日新。"《康诰》曰:"作新民④。"《诗》云:"周虽旧邦⑤,其命⑥维⑦新。"是故君子⑧无所不用其极⑨。

【注释】①盘:沐浴之盘。铭:名其器以自警之辞。②苟日新:假若一天自新。苟,假若、果真。③日日新:天天自新。④作新民:作,振作,鼓励。新民,使民自新。⑤周虽旧邦:周,周朝。旧邦,古老的国家。⑥其命:指周朝承受的天命。⑦维:语气词。⑧君子:指统治者及其代表。⑨无所不用其极:处处采用最好的方法(使民众自新)。

仿宋元山水图
清·高简

读经诵典　受益匪浅

四　邦畿章

《诗》云："邦畿①千里,惟民所止②。"《诗》云："缗蛮③黄鸟,止于丘隅④。"子曰："于止⑤,知其所止,可以人而不如鸟乎?"

《诗》云："穆穆⑥文王,於⑦缉熙⑧敬止。"为人君,止于⑨仁⑩；为人臣,止于敬⑪；为人子,止于孝⑫；为人父,止于慈⑬；与国人

【注释】①邦畿：国都附近的土地。②所止：停止、居住的地方。③缗蛮：一般解释为鸟的叫声。《毛诗》传和《集韵》解释为鸟小的样子。缗,《诗经》作"绵"。④丘隅：山边。⑤于止：该栖息的时候。①穆穆：深远的样子。②於：表示赞叹的语气词,相当于"啊"。③缉熙：光明的样子。缉,一说缗为继续,缉,旧读qī,一作qì。②止：做到的意思。⑤仁：指人与人之间相互体贴爱护,是孔子思想体系的核心。⑥敬：恭敬,严肃认真。⑦孝：指子女对长辈的尊重和服从。⑬慈：指慈爱。

读经诵典　受益匪浅

交,止于信①。

《诗》②云:"瞻彼淇澳③,菉竹猗猗④。有斐⑤君子,如切⑥如磋⑦,如琢⑧如磨⑨。瑟兮僴兮⑩,赫兮喧兮⑪。有斐君子,终不可谖⑫兮。"如切如磋者,道学⑬也;如琢如磨者,自修⑭也;瑟兮僴兮者,恂慄⑮也;赫兮喧兮者,威仪⑯也;有斐君子,终不可谖兮者,道盛德至善,民之不能忘也。

《诗》云:"於戏⑰,前王不

【注释】①信:诚信。②《诗》:指《诗经·卫风·淇奥》篇。③瞻彼淇澳:瞻,看。彼,那个。淇,淇水,在今河南北部。奥,水边弯处。"澳"在《诗经》中作"奥"。④菉竹猗猗:菉,草名,又是王刍。一说"菉竹"即"绿竹",菉通"绿"。猗猗,形容长而美的样子。猗,按此义读yī,但为押韵(协韵),此处宜读ē。⑤斐:有文采的样子。⑥切:把珠宝骨器切削成各种器物。⑦磋:把象牙切磨成各种器物。⑧琢:雕刻玉石,制成器物。⑨磨:用沙石磨光。⑩瑟兮僴兮:瑟指庄严,僴指刚毅。一说僴为宽为貌。兮,叹词"啊"。⑪赫兮喧兮:赫、喧皆指显赫、盛大。⑫谖:忘记。⑬道学:讲解研讨学习的方法。⑭自修:自我反省。⑮恂慄:恐惧战栗。⑯威仪:仪表威严。⑰於戏:叹词,通"呜呼"。

四邦畿章

119

忘!"君子贤其贤而亲其亲,小人乐其乐而利其利,此以没世①不忘也。

【注释】①没世:终身,至死。

格物致知章

此谓知本,此谓知之至也①。

所谓致知在格物者,言欲致吾之知,在即物而穷其理也。盖人心之灵莫不有知,而天下之物莫不有理,惟于理有未穷,故其知有不尽也。是以大学始教,必使学者即凡天下之物,莫不因其已知之理而益穷之,以求致乎其极。至于用力之久,而一旦豁然贯通焉,则众物之表里精粗无不到,而吾心之全体大用无不明矣。此谓物格,此谓知之至也。

【注释】①此二句原在《明德章》末尾,朱熹认为有误。此谓知本:程子曰:"衍文也。"此谓知之至也:《四书集注》说:"此句之上别有阙文,此特其结语耳。"下段即为朱熹"窃取程子之意"所补的具体内容。

读经诵典　受益匪浅

五　听讼章

子曰："听讼①，吾犹人②也，必也使无讼乎！"无情者③不得尽其辞④，大畏民志⑤：此谓知本⑥。

【注释】①听讼：断案。②犹人：如同别人。③无情者：没有实情的人。④尽其辞：完全表达出来，即指尽情地编造谎言。⑤大畏民志：用大的道理使民心畏服。⑥知本：认识根本之道。

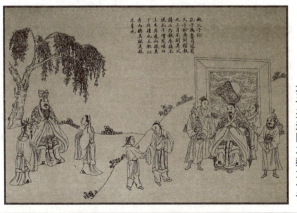

孔子圣迹图之赦父子讼

读经诵典　受益匪浅

六　诚意章

所谓诚其意者，毋①自欺也。如恶恶臭②，如好好色③，此之谓自谦④。故君子必慎其独⑤也。小人闲居⑥为不善，无所不至；见君子而后厌然⑦，掩⑧其不善，而著⑨其善。人之视己，如见其肺肝然⑩，则何益矣？此谓诚于中⑪，形于外。故君子必慎其独也。曾子⑫曰：

【注释】①毋：不要。②恶恶臭：前"恶"指厌恶。恶臭指不好的气味。③好好色：前"好"指喜欢。好色即漂亮美好的容颜。④谦：通"慊"，满足、满意。⑤慎其独：在独自一个人的时候要谨慎不苟。独指独处。⑥闲居：独自呆着的时候。⑦厌然：闭藏貌，躲躲闪闪的样子。⑧掩：掩盖。⑨著：显明，标榜。⑩如……然：好像……一样。⑪中：心中。⑫曾子：姓曾，名参，字子舆，春秋时鲁国人，孔子的学生。

读经诵典　受益匪浅

"十目^①所视，十手所指，其严乎^②！"富润屋^③，德润身^④，心广体胖^⑤，故君子必诚其意。

【注释】①十目：指很多眼睛。②其严乎：多么严厉可畏的监督啊！③润屋：装饰房屋。④润身：增强修养，使思想更高尚。⑤心广体胖：胸襟宽广，体貌安详自然。胖是大而舒坦，不是肥胖，不读 pàng。

六　诚意章

曾参啮指心痛　清·王素

读经诵典　受益匪浅

七　正心修身章

所谓修身在正其心者,身有所忿懥①,则不得其正②;有所恐惧,则不得其正;有所好乐,则不得其正;有所忧患,则不得其正。心不在焉③,视而不见④,听而不闻⑤,食而不知其味。此谓修身在正其心。

【注释】①忿懥:愤怒。②不得其正:不能端正。③焉:那里。④见:看清。⑤闻:听见。

马鞍山图·杨柳青年画

读经诵典　受益匪浅

八　齐家章

所谓齐其家①在修其身②者，人之③其所亲爱而辟(僻)④焉，之其所贱恶而辟焉，之其所畏敬而辟(僻)焉，之其所哀矜⑤而辟(僻)焉，之其所敖(傲)⑥惰而辟(僻)焉。故好而知其恶⑦，恶而知其美者⑧，天下鲜矣。故谚⑨有之曰："人莫知其子之恶，莫知其苗之硕⑩。"此谓身不修，不可以齐其家。

【注释】①齐其家：使其家族齐心。②修其身：使其自身修养。③之：对于。④辟：同"僻"，偏。⑤哀矜：哀怜。⑥敖：同"傲"，傲慢。⑦好：喜爱。恶：坏处。⑧恶：讨厌。⑨谚：谚语。⑩硕：壮，大。

读经诵典　受益匪浅

九　治国章

所谓治国必先齐其家者,其家不可教,而能教人者,无之。故君子不出家,而成教①于国。

孝者,所以②事君也;弟③者,所以事长也;慈④者,所以使众也。《康诰》曰:"如保赤子⑤。"心诚求之,虽不中⑥不远矣。未有学⑦养子而後嫁者也。

一家仁,一国兴仁;一家让⑧,

【注释】①成教:成就教化。②所以:用来……。③弟:弟通"悌",指弟弟尊敬哥哥。④慈:封建道德之一,指父母爱子女,也指君王爱平民。⑤赤子:初生的婴儿。⑥中:符合。⑦学:学会。⑧让:谦逊。

读经诵典　受益匪浅

一国兴让；一人贪戾①，一国作乱。其机②如此。此谓一言偾③事，一人定国。尧舜帅④天下以仁，而民从⑤之；桀纣⑥帅天下以暴，而民从之。其所令⑦反其所好，而民不从。是故君子有诸己⑧，而後求诸人；无诸己，而後非诸人。所藏乎身不恕⑨，而能喻⑩诸人者，未之有也。故治国在齐其家。

《诗》云："桃之夭夭⑪，其叶蓁蓁⑫。之子于归⑬，宜⑭其家人。"

【注释】①戾：横暴。②机：古代弩箭上的发动机关，意为关键。③偾：败坏。④帅：同"率"，率领，统帅。⑤从：跟从，照样办。⑥桀、纣：桀，夏代最後一位君主。纣，商代最後一位君主。历来均被认为是暴君。⑦令：号令。⑧有诸己：自己有善的行为。⑨恕：恕道，儒家认为，自己不愿意别人做的也不去对别人做，这样推己及人的品德即恕道。⑩喻：使明白。⑪夭夭：鲜嫩、美丽，形容草木茂盛而艳丽。⑫蓁蓁：树叶茂盛的样子。⑬之子于归：之是这个，子是女子。于归即出嫁。⑭宜：友爱和睦。

九　治国章

宜其家人，而後可以教国人。《诗》云："宜兄宜弟。"宜兄宜弟，而後可以教国人。《诗》云："其仪不忒①，正是四国②。"其为父子兄弟足法③，而後民法之也。此谓治国在齐其家。

【注释】①不忒：没有差错，即言行一致。忒，差错。②正是四国：可以领导四方各国。③法：效法。

虞舜帝孝德升闻　明·《帝鉴图说》

读经诵典　受益匪浅

十　絜矩章

所谓平天下在治其国者,上老老①,而民兴孝;上长长②,而民兴弟(悌)③;上恤孤④,而民不倍(背)⑤。是以君子有絜矩之道⑥也。所恶于上⑦,毋以使下⑧;所恶于下,毋以事上;所恶于前⑨,毋以先后;所恶于后,毋以从前⑩;所恶于右⑪,毋以交于左;所恶于左⑫,毋以交于

【注释】①上老老:在上位的人尊敬老人,上指在上位的人。前老指尊敬,後老指尊老年人。②上长长:上位的人尊重年长的人。前长指尊重,後长指年长。③弟:通"悌"。④恤孤:恤,体恤,周济。孤,年幼丧父称孤。⑤倍:通"背",违背。⑥絜矩之道:在道德上作出榜样。絜即度量,矩即制作方形的模具,即榜样。⑦所恶于上:对上级所做的令人厌恶的事。⑧使下:对待下级。⑨前:前辈。⑩从前:对待前辈。⑪右:身右的人。⑫左:身左的人。

129

读经诵典　受益匪浅

右。此之谓絜矩之道。

《诗》云："乐只君子①，民之父母。"民之所好好之，民之所恶恶之，此之谓民之父母。《诗》云："节彼南山②，维石岩岩③。赫赫④师尹⑤，民具(俱)⑥尔瞻⑦。"有国者不可以不慎，辟(僻)⑧则为天下僇(戮)⑨矣。

《诗》云："殷之未丧师⑩，克⑪配上帝⑫。仪监(鉴)⑬于殷，峻命⑭不易⑮。"道⑯得众则得国，失众则失

【注释】①乐只君子：使人心悦诚服的君子。只为语助词。②节彼南山：那个高大险峻的南山。节指高大、险峻的样子，彼指那个。③岩岩：山石矗立的样子。④赫赫：权势地位显盛的样子。⑤师尹：周朝天子的执政大臣。⑥具：同"俱"，都。⑦尔瞻：看着你。⑧辟：辟同"僻"，邪僻，偏差。⑨僇：通"戮"，杀。⑩师：民众。⑪克：能。⑫配上帝：配得上祭祀上帝，指接受"天命"做天子。⑬仪监：应当借鉴。仪，《诗经》原文作"宜"，应当。监通"鉴"。⑭峻命：即天命，峻即大。⑮不易：不容易。⑯道：言，说。

国。是故君子先慎乎德。有德此①有人，有人此有土，有土此有财，有财此有用②。德者，本也；财者，末也。外本内末③，争民④施夺⑤。是故财聚则民散，财散则民聚。是故言悖⑥而出者，亦悖而入；货悖而入者，亦悖而出。

《康诰》曰："惟⑦命不于常⑧。"道善则得之，不善则失之矣。《楚书》曰："楚国无以为宝，惟善以为宝。"舅犯⑨曰："亡人⑩

【注释】①此：则，就。②用：用度。③外本内末：将根本当做外，将枝末当做内，意为喧宾夺主，本末倒置。本指德，末指财。外，意为轻视。内，意为重视。④争民：与民争利。⑤施夺：施行劫夺。⑥悖：逆，违背道理。⑦惟：句首语气词。⑧命不于常：天命不专佑一家。常，始终如一。⑨舅犯：晋臣，重耳的舅舅狐偃，字子犯，曾随晋公子重耳流亡在外十九年。⑩亡人：流亡的人，指重耳。

读经诵典　受益匪浅

无以为宝,仁亲①以为宝。"《秦誓》曰:"若有一个②臣,断断③兮无他技,其心休休④焉,其如有容⑤焉。人之有技,若己有之;人之彦圣⑥,其心好之;不啻⑦若自其口出,寔⑧能容之,以能保我子孙黎民⑨,尚亦有利哉!人之有技,媢疾⑩以恶之;人之彦圣,而违之俾⑪不通;寔不能容,以不能保我子孙黎民,亦曰殆⑫哉!"

唯仁人放流之⑬,迸⑭诸四

【注释】①仁亲:亲爱仁人。②个:《书》作"介"。③断断:真诚不二的样子。④休休:心胸宽广,一心向善的样子。⑤有容:能够容忍人。⑥彦圣:指德才兼美的人。彦,俊美。圣,聪明。⑦不啻:不但。⑧寔:同"实",实在、确实。⑨黎民:众民。⑩媢疾:嫉妒。疾同"嫉"。⑪俾:使。⑫殆:危险。⑬放流之:流放不能容人的人。⑭迸:通"屏",逐退。

夷①，不与同中国②。此谓唯仁人为能爱人，能恶人。见贤③而不能举④，举而不能先，命（慢）⑤也；见不善而不能退，退而不能远，过⑥也。好人之所恶，恶人之所好，是谓拂⑦人之性，菑⑧必逮夫身⑨。是故君子有大道，必忠信以得之，骄泰⑩以失之。

【注释】①四夷：四方之夷，夷是古代东方的部族。②中国：全国中心地区。③贤：指有才德的人。④举：推举，任用。⑤命："慢"之声误，怠慢。⑥过：宽纵。⑦拂：逆，违背。⑧菑：同"灾"，灾祸。⑨逮夫身：延及自身。逮是及、到，夫为助词，此。⑩骄泰：放纵奢侈。

金谷园图 清·华嵒

读经诵典　受益匪浅

生财有大道：生之者众，食之者寡，为之者疾①，用之者舒②，则财恒足矣。仁者以财发身③，不仁者以身发财。未有上好仁，而下不好义④者也；未有好义，其事不终者也；未有府库⑤财，非其财者也。孟献子⑥曰："畜马乘⑦，不察⑧于鸡豚⑨；伐冰之家⑩，不畜牛羊；百乘之家⑪，不畜聚敛之臣⑫。与其有聚敛之臣，宁有盗臣⑬。"此

【注释】①疾：迅速。②舒：缓慢。③发身：发展自身。④义：指言行要符合道德规范。⑤府库：古代国家收藏财物文书的地方。府，指机构。库，指建筑物。⑥孟献子：春秋时鲁国大夫，姓仲孙，名蔑。⑦畜马乘：指由士刚上升为大夫的人。畜即养。乘即四匹马拉的车子。⑧不察：不应关注。⑨豚：小猪，这里泛指猪。⑩伐冰之家：指卿大夫之家，古时丧祭时卿大夫才能用冰保存遗体。⑪百乘之家：拥有一百辆车乘的人，指有封地的诸侯王。⑫聚敛之臣：搜括钱财的家臣。聚，聚集。敛，征收。聚，聚集。敛，征收。敛，旧时也读 liàn，朱熹《大学章句》："敛，去声。"⑬盗臣：盗窃府库钱财的家臣。

谓国不以利为利,以义为利也。长①国家而务②财用者,必自小人矣。彼③为善之,小人之使为国家,菑害并至。虽有善者,亦无如之何④矣。此谓国不以利为利,以义为利也。

【注释】①长:成为国家之长,即君主。②务:追逐。③彼:指君王。此"彼",汉郑玄注《礼记》时解为"君",学者多从之。宋朱熹难理解此句,疑有阙文误字。宋史绳祖和清俞樾认为此"彼"当指小人。④无如之何:无法对付。

春夜宴桃李园图　清·黄　慎

秋江渔隐图 宋·马 远

中 庸

一团和气图　明·朱见深

中庸章句序

　　中庸何为而作也？子思子忧道学之失其传而作也。盖自上古圣神继天立极，而道统之传有自来矣。其见于经则"允执厥中"者，尧之所以授舜也。"人心惟危，道心惟微，惟精惟一，允执厥中"者，舜之所以授禹也。尧之一言，至矣！尽矣！而舜复益之以三言者，则所以明夫尧之一言，必如是而後可庶几也。盖尝论之：心之虚灵知觉，一而已矣。而以为有人心、道心之异者，则以其或生于形气之私，或原于性命之正。而所以为知觉者不同，是以或危殆而不安，或微妙而难见耳。然人莫不有是形，故虽上智不能无人心；亦莫不有是性，故虽下愚不能无道心。二者杂于方寸之间，而不知所以知之，则危者愈危，微者愈微，而天理之公卒无以胜夫人欲之私矣。精则察夫二者之间而不杂也，一则守其本心之正而不离也。从事于斯，无少间断，必使道心常为一身之主，而人心每听焉。则危者安，微者著，而动静云为，自无过不及之差矣。夫尧、舜、禹，天下之大圣也。以天下相传，天下之大事也。以天下之大圣，行天下之大事，而其授受之际，丁宁告戒，不过如此。则天下之理，岂有以加于此哉？自是以来，圣圣相承。若成汤、文、武之为君，皋陶、伊、傅、周、召之为臣，既皆以此而接夫道统之传。若吾夫子，则虽不得其位，而所以继往圣、开来学，其功反有贤于尧、舜者。然当是时，见而知之者，惟颜氏、曾氏之传得其宗。及曾氏之再传，而复得夫子之孙子思，则去圣远而异端起矣。子思惧夫愈久而愈失其真也，于是推本尧、舜以来相传之意，质以平日所闻父师之言，更互演绎，作为此书，以诏後之学者。盖其忧之也深，故其言之也切；其虑之也远，故其说之也详。其曰"天命"、"率性"，则道心之谓也；其曰"择善固执"，则精一之谓也；其曰"君子时中"，则执中之谓也。世之相後千有馀年，而其言之不异，如合符节。历选前圣之书，所以提挈纲维、开示蕴奥，未有若是之明且尽者也。自是而又再传，以得孟氏，为能推明是书，以承先圣之统，及其没而遂失其传焉。则吾道之所寄不越乎言语文字之间，而异端之说日新月盛，以至于老佛之徒出，则弥近理而大乱真矣。然而尚幸此书之不泯，故程夫子兄弟者出，得有所考，以续夫千载不传之绪；得有所据，以斥夫二家似是之非。盖子思之功于是为大，而微程夫子，则亦莫能因其语而得其心也。惜乎！其所以为说者不传，而凡石氏之所辑，仅出于其门人之所记，是以大义虽明，而微言未析。至其门人所自为说，则虽颇详尽而多所发明，然倍其师说而淫于老佛者，亦有之矣。熹自蚤岁即尝受读而窃疑之，沉潜反复，盖亦有年。一旦恍然似有以得其要领者，然後乃敢会众说而折其衷。既为定著章句一篇，以俟後之君子，而一二同志复取石氏书，删其繁乱，名以辑略，且记所尝论辩取舍之意，别为或问，以附其後。然後此书之旨文分节解、脉络贯通、详略相因、巨细毕举，而凡诸说之同异得失，亦得以曲畅旁通而各极其趣。虽于道统之传不敢妄议，然初学之士或有取焉，则亦庶乎行远升高之一助云尔。

淳熙己酉春三月戊申，新安朱熹序

读经诵典　受益匪浅

一　天命章

天命①之谓性②，率③性之谓道④，修道之谓教。道也者，不可须臾离⑤也；可离，非道也。是故君子戒慎⑥乎其所不睹⑦，恐惧乎其所不闻。莫见（现）乎隐，莫显乎微⑧。故君子慎其独⑨也。

喜怒哀乐之未发⑩，谓之中⑪；发而皆中节⑫，谓之和⑬。中也者，

【注释】①天命：上天赋予的。②性：人的本性。③率：遵循。④道：原义为道路，引申为道理。⑤须臾：片刻，一会儿。离：旧时也读 lì。朱熹《中庸章句》："离，去声。"下同。⑥戒慎：谨慎守戒。⑦其所不睹：君子不被看见时。⑧莫见乎隐，莫显乎微：不要在隐蔽处显现出来，不要在细微处显现出来，见同"现"。⑨慎其独：独处时也谨慎。⑩发：表现出来，流露出来。⑪中：无过无不及，不偏不倚，一切都按照"礼"的规定行事。⑫中节：符合节度。⑬和：调和。

天下之大本也；和也者，天下之达道①也。致②中和，天地位焉③，万物育焉。

【注释】①达道：通行的道理。②致：致于，达到的意思。③位：摆正位置。

二仙图　明·郑文林

二 时中章

仲尼曰:"君子中庸①,小人②反中庸。君子之中庸也,君子而时中③;小人之反④中庸也,小人而无忌惮⑤也。"

【注释】①中庸:以适中、不偏不倚为常道。中是适中、不偏不倚,庸是常。②小人:指没知识、不懂礼仪的人。③时中:即经常保持中和状态,无过无不及。④反:原文无此字。按陆德明《经典释文》,王肃《礼记》注本有"反"字。古今学者多从之。⑤无忌惮:没有什么顾忌和畏惧的。忌即顾忌,惮即畏惧。

孔子圣迹图 清·焦秉贞

三 鲜能章

子曰:"中庸其至①矣乎!民鲜②能久矣。"

【注释】①至:最高、至高无上。②鲜:少见,少有。

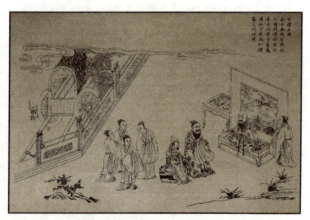

孔子圣迹图之问礼老聃

四行明章

子曰："道之不行也，我知之矣：知（智）者①过之②，愚者不及③也。道之不明也，我知之矣：贤者④过之，不肖者⑤不及也。人莫不饮食也，鲜能知味也。"

【注释】①知者：聪明人。知同"智"。②过之：超越它。③不及：达不到。④贤者：有才能的、有道德的人。⑤不肖者：不贤的人，没有道德的人。

孔子圣迹图之在陈绝粮

读经诵典　受益匪浅

五　不行章

子曰："道其①不行②矣夫。"

【注释】①其：大概。②不行：不实行。

中庸

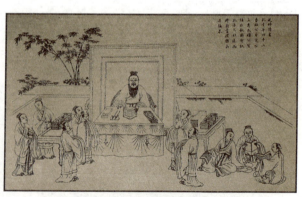

孔子圣迹图之退修诗书

六大知章

子曰："舜①其大知【智】②也与【欤】！舜好问而好察迩言③，隐恶而扬善，执④其两端⑤，用其中于民。其斯⑥以为舜乎！"

【注释】①舜：是古代圣君明主之一。②大知：极其富有智慧的聪明人。知同"智"。③迩言：平凡的言论，通俗易懂。④执：把握、把持。⑤两端：两头。矛盾的两个方面。⑥斯：此，这个。

孔子圣迹图之观器论道

读经诵典　受益匪浅

七　予知章

子曰:"人皆曰'予知_智'①,驱而纳诸②罟③擭④陷阱⑤之中,而莫之知辟_避⑥也。人皆曰'予知_智',择乎中庸,而不能期月⑦守也。"

【注释】①知:同"智",聪明,有智慧。②诸:"之于"两字的合音。③罟:捕鸟兽鱼的网。④擭:猎人用来捕获野兽的木笼子。⑤陷阱:猎人挖来捕获野兽的深坑。⑥莫之知辟:不知躲避。辟通"避"。⑦期月:即一个月,此处比喻时间不长。

颜光敏簪萌读书图　清·茅　麐

读经诵典　受益匪浅

八　服膺章

子曰："回之为人也①,择乎中庸,得一善,则拳拳②服膺③而弗④失之矣。"

【注释】①回：颜回,字子渊,孔子的得意门生。②拳拳：牢握不舍。③服膺：紧贴胸前,表示牢记在心。膺,胸怀。④弗：不。

孔子圣迹之先圣小像　明·佚名

读经诵典　受益匪浅

九　可均章

子曰:"天下国家可均①也,爵禄②可辞③也,白刃④可蹈⑤也,中庸不可能也。"

【注释】①均:平定、治理。②爵禄:官爵和俸禄。③辞:推却、辞让。④白刃:锋利尖锐的刀刃。⑤蹈:踏上,踩上。

虎丘送客图　明·沈周

十问强章

子路①问强②。子曰:"南方之强与欤?北方之强与欤?抑③而④强与欤?宽柔以教,不报⑤无道⑥,南方之强也,君子居之。衽⑦金革⑧,

【注释】①子路:孔子的学生。②问强:请教刚强之道。③抑:或者,还是。④而:汝,你的。⑤报:报复。⑥无道:指违反治国与做人原则的言行。⑦衽:古代人睡觉时铺垫的席子。⑧金革:指作战用的兵器和铠甲。衽金革即随时准备打仗。

古贤诗意图之右军笼鹅　明·杜堇

死而不厌①,北方之强也,而强者居之。故君子和而不流②,强哉矫③!中立而不倚,强哉矫!国有道,不变塞④焉,强哉矫!国无道,至死不变⑤,强哉矫!"

【注释】①不厌:不后悔。②和而不流:待人温和而不随大流。③矫:强壮的样子。④塞:穷困。⑤不变:不改变(主张、操守)。

人物故事图之子路问津 明·仇 英

十一 素隐章

子曰："素隐①行怪②，後世有述③焉，吾弗为之矣。君子遵道而行，半涂④而废，吾弗能已⑤矣。君子依乎中庸，遁世⑥不见知⑦而不悔，唯圣者能之。"

【注释】①素隐：按《汉书》，素应为"索"字，学者多从之。郑玄、倪思认为"素"字无误。索即寻求、索取。隐即隐僻。②行怪：行为怪异。③述：称述、记述。④半涂：半路上。涂通"途"。⑤已：止，停止。⑥遁世：出世隐居。遁，逃避。⑦不见知：不被理解。见即被。

秋山会友图 明·陈洪绶

十二 费隐章

君子之道费而隐[1]。夫妇[2]之愚,可以与[3]知焉;及其至[4]也,虽圣人亦有所不知焉。夫妇之不肖[5],可以能行焉;及其至也,虽圣人亦有所不能焉。天地之大也,人

【注释】①费而隐:广泛而细微。费即广泛。②夫妇:指普通的男人和女人。③与:参与。④至:达到最高深的境界。⑤不肖:不贤。

人物故事图之南华秋水　明·仇英

犹有所憾①。故君子语大②,天下莫能载焉;语小,天下莫能破③焉。《诗》云:"鸢飞戾⑤天,鱼跃于渊⑥。"言其上下察⑦也。君子之道,造端⑧乎夫妇,及其至也,察乎⑨天地。

【注释】①憾:不满足。②语大:说大事。③破:解析、剖析。④鸢:一种凶猛的鸟,俗称老鹰。⑤戾:到。⑥渊:较深的池或潭。⑦察:昭著,详察。言其上下贯通。⑧造端:开始,起始。⑨乎:于。

双鑑行窝图　明·唐　寅

读经诵典　受益匪浅

十三　不远章

子曰:"道不远①人。人之为②道而远人,不可以为③道。《诗》云:'伐④柯⑤伐柯,其则⑥不远。'执柯以伐柯,睨⑦而视之,犹以为远。故君子以人治人,改而止⑧。忠恕⑨违道不远,施诸己而不愿,亦勿施于人。君子之道四,丘未能一焉。所求乎子,以事父未能也;所求乎臣,以事君未能也;所

【注释】①远:疏远。此义,旧时也读 yuàn。下同。②为:行,施行。③为:称为。④伐:砍。⑤柯:斧柄。⑥则:样板,标准。⑦睨:斜着眼睛看。⑧改而止:改了过错就行。⑨忠恕:忠厚宽恕,即仁。

求乎弟，以事兄未能也；所求乎朋友，先施之未能也。庸①德之行，庸言之谨，有所不足，不敢不勉②；有馀不敢尽③。言顾④行，行顾言。君子胡⑤不慥慥尔⑥！"

【注释】①庸：平常的。②勉：努力弥补。③尽：指暴露。④顾：考虑到。⑤胡：怎么、为什么。⑥慥慥尔：忠厚、诚实的样子。

问道图　明·陈洪绶

十四 素位章

君子素①其位而行,不愿②乎其外。素富贵,行乎富贵;素贫贱,行乎贫贱;素夷狄,行乎夷狄;素患难,行乎患难。君子无入而不自得焉!

在上位,不陵凌③下;在下位,

【注释】①素:向来,平常。也可作"现在"解。②愿:奢望。③陵:通"凌",欺凌。

仿韩熙载夜宴图之奏琴 　明·唐寅

读经诵典　受益匪浅

不援①上。正己而不求于人,则无怨。上不怨天,下不尤②人。故君子居易③以俟④命,小人行险⑤以徼(侥)幸⑥。

　　子曰:"射⑦有似乎君子,失诸正鹄⑧,反求诸其身。"

【注释】①援：攀援,高攀,巴结。②尤：怨恨,责怪。③易：平安,宁静。④俟：等待。⑤行险：冒险,铤而走险。⑥徼幸：指希望获得意料以外的东西。徼通"侥"。⑦射：射箭。⑧正鹄：靶心。靶心画在布上叫"正",画在皮上叫"鹄"。

人物山水图　清·钱　杜

十四　素位章

十五 行远章

君子之道,辟(譬)如①行远必自迩②,辟(譬)如登高必自卑③。《诗》曰:"妻子好合④,如鼓⑤瑟琴。兄弟既翕⑥,和乐且耽⑦。宜尔室家⑧,乐尔妻帑(孥)⑨。"子曰:"父母其顺⑩矣乎!"

【注释】①辟如:譬如。②自迩:从近处。自,从。迩,近。③自卑:从低处。④好合:和好,关系和谐。⑤鼓:弹奏。⑥翕:合,和睦,融合。⑦耽:快乐的样子。⑧宜尔室家:搞好你的家庭。⑨帑:子孙。帑同"孥"。⑩顺:顺心。

人日诗画图　明·文徵明

十六 鬼神章

子曰:"鬼神之为德①,其盛矣乎!视之而弗见,听之而弗闻,体物②而不可遗。使天下之人,齐明③盛服④,以承祭祀。洋洋乎⑤,如在其上,如在其左右。《诗》曰:'神之格⑥思⑦,不可度⑧思,矧⑨可射⑩思。'夫微⑪之显,诚之不可掩⑫如此夫!"

【注释】①德:德性。②体物:体现在万事万物之中。体,体现或体验;物,事物。③齐:通"斋",斋戒。明:洁净。④盛服:盛装。⑤洋洋乎:盛大充满的样子。⑥格:到来。⑦思:语气词,没有词义。⑧度:猜测。⑨矧:况且。⑩射:厌恶。射不读shè。⑪微:幽微。⑫掩:掩盖。

十七 大孝章

子曰："舜其大孝也与(欤)！德为圣人，尊为天子，富有四海之内。宗庙飨①之，子孙保之。故大德必得其位，必得其禄，必得其名，必得其寿。故天之生物，必因②

【注释】①飨：飨祀。②因：依，顺着。

孔子圣迹图之观周明堂

其材而笃①焉。故栽者②培之,倾者③覆④之。《诗》曰:'嘉乐⑤君子,宪宪⑥令德⑦。宜民⑧宜人⑨,受禄于天。保佑命⑩之,自天申⑪之。'故大德者必受命⑫。"

【注释】①笃:沉重、深厚。②栽者:应该栽培的人。③倾者:歪斜不正的,指不能成材之人。④覆:毁灭。⑤嘉乐:和善而安乐。⑥宪宪:通"显显",即显耀。⑦令德:美好的德性。令即美好。⑧民:指民众。⑨人:指百官。⑩命:授命。⑪申:看重。⑫命:天命。

十七 大孝章

虞舜孝感动天图　清·王素

读经诵典　受益匪浅

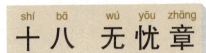

十八　无忧章

子曰："无忧者，其惟①文王乎！以王季为父，以武王为子，父作②之，子述③之。武王缵④大（太）王、王季、文王之绪⑤，壹戎衣而有天下，身不失天下之显名⑥。尊为天子，富有四海之内。宗庙飨⑦之，子孙保之。武王末⑧受命⑨，周公成文武之德，追王⑩大（太）王、王季，上祀先公以天子之礼。斯礼也，

【注释】①惟：只有，仅有。②作：兴起。③述：继承。④缵：继承。⑤绪：事业。⑥显名：盛名。⑦飨：祭祀，祭献。⑧末：末年，晚年。⑨受命：接受天命，即做天子。⑩追王：追封……王号。

达①乎诸侯、大夫及士、庶人。父为大夫,子为士;葬以大夫,祭以士。父为士,子为大夫;葬以士,祭以大夫。期②之丧,达乎大夫;三年之丧,达乎天子;父母之丧,无贵贱,一③也。"

【注释】①达:到达。即通行到。②期:一年。③一:指天子和庶人都一样。

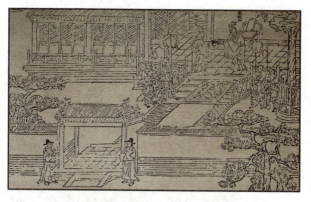

周武王丹书受戒图　明·《帝鉴图说》

读经诵典　受益匪浅

十九　达孝章

子曰："武王、周公，其达孝矣乎！夫孝者，善继人之志，善述人之事者也。春秋①修其祖庙，陈②其宗器③，设其裳④衣⑤，荐⑥其时食⑦。宗庙之礼，所以序⑧昭穆⑨也；序爵⑩，所以辨贵贱也；序事⑪，所以辨贤也；旅⑫酬⑬下为上⑭，所以逮贱⑮也；燕⑯毛⑰，所以序齿⑱也。

【注释】①春秋：春秋时节。②陈：陈列，摆上。③宗器：祭器。④裳：遮蔽下体的衣裙。⑤衣：是上身所穿的服装。⑥荐：进献。⑦时食：四季应时的食品。⑧序：次序，这里用做动词，排列。⑨昭穆：父为昭，子为穆，孙为昭，曾孙又为穆。昭排左列，穆排右列。⑩爵：爵位。⑪事：职事。⑫旅：指众人。⑬酬：指敬酒。⑭下为上：旅酬开始时，下辈给上辈敬酒。⑮逮贱：恩惠施及下辈。⑯燕：祭毕宴饮，以款待参加祭祀的人。⑰毛：指按头发的颜色就坐。⑱序齿：按年龄长幼排序。

读经诵典　受益匪浅

"践①其位,行其礼,奏其乐,敬其所尊,爱其所亲,事死如事生,事亡如事存,孝之至也。

"郊社②之礼,所以事上帝也;宗庙之礼,所以祀乎其先也。明乎郊社之礼、禘尝③之义,治国其如示诸掌乎④!"

【注释】①践:登上,踩上。②郊社:郊祭和社祭。③禘尝:禘祭和尝祭。禘祭在夏季,尝祭在秋季,这里代指四时祭祀。④治国其如示诸掌乎:指治国的道理很简单。示通"置",示诸掌即放在掌上(一样容易)。也有人理解为,示即视、看之义。音 shì。

十九 达孝章

我将图　南宋·马和之

读经诵典 受益匪浅

二十 问政章

哀公问政。子曰:"文武之政,布①在方策②。其人存,则其政举③;其人亡,则其政息④。人道⑤敏政⑥,地道⑦敏树⑧。夫政也者,蒲卢⑨也。故为政在人。取人以身,修身以道,修道以仁。仁者,人也,亲亲⑩为大;义者,宜⑪也,尊贤为大。亲亲之杀⑫,尊贤之

【注释】①布:散布,记载。②方策:典籍。③举:实行。④息:消失。⑤人道:治人之道,统治人的办法。⑥敏政:即努力搞好政事。敏,奋勉,努力从事。⑦地道:这里指经营土地的办法。⑧敏树:努力搞好种植。树即种植。⑨蒲卢:即蒲苇,一说瓠瓜。⑩亲亲:亲近亲人。⑪宜:适宜、合适、妥当。⑫杀:等差,差别。

等,礼所生也。在下位不获乎上,民不可得而治矣①。故君子不可以不修身;思修身,不可以不事亲②;思事亲,不可以不知人;思知人,不可以不知天。

● "天下之达③道五,所以行之者三。曰:君臣也,父子也,夫妇也,昆弟④也,朋友之交也。五者,

【注释】①此句,本书下文亦出现。一般认为是下文的句子,误出于此,因而这里未翻译。②事亲:服侍父母。③达:通达,极高。④昆弟:兄弟。昆即哥哥。

孔子圣迹图之哀公立庙

天下之达道也。知(智)、仁、勇三者，天下之达德也，所以行之者一也。或生而知之，或学而知之，或困①而知之，及其知之，一也。或安而行之，或利而行之，或勉强②而行之，及其成功，一也。

子曰："好学近乎③知(智)，力行近乎仁，知耻近乎勇。知斯三者，则知所以修身；知所以修身，则知所以治人；知所以治人，则知所以治天下国家矣。"

"凡为天下国家有九经④，曰：修身也，尊贤也，亲亲也，敬

【注释】①困：困惑、不解。②勉强：克服困难，尽力而为。此处不是指力量不足仍要强行。③近乎：接近于，差不多是。④经：原则。引申为行为思想的准则。

大臣也,体^①群臣也,子庶民也,来徕^②百工也,柔^③远人^④也,怀^⑤诸侯也。

"修身则道立,尊贤则不惑,亲亲则诸父^⑥昆弟不怨,敬大臣则不眩^⑦,体群臣则士之报礼重,子庶民则百姓劝,来徕百工则财

【注释】①体:体贴、体谅。②来:同"徕",劝勉、慰劳。也可解释为招徕,即招来。来读lái。③柔:温和、善待。④远人:从远方来的人。⑤怀:安抚。⑥诸父:伯父、叔父的合称。⑦眩:迷惑、糊涂。

孔子圣迹图之陵阳罢役

用足,柔远人则四方归之,怀诸侯则天下畏①之。

"齐明盛服,非礼不动,所以修身也;去谗远色②,贱货而贵德,所以劝③贤也;尊其位,重其禄,同其好恶,所以劝亲亲也;官盛④任使⑤,所以劝大臣也;忠信重禄,所以劝士也;时使⑥薄敛⑦,

【注释】①畏:敬服。②去谗远色:远离谗佞和女色。远,旧时也读 yuàn。③劝:鼓励。④官盛:属官很多。⑤任使:任凭使用、使唤。⑥时使:按时节使役百姓。⑦薄敛:赋税不重。

百尺梧桐轩图 元·无款

所以劝百姓也；日省月试，既^饩禀①称事，所以劝百工也；送往迎来，嘉善②而矜不能③，所以柔远人也；继绝世④，举废国⑤，治乱持危⑥，朝聘⑦以时，厚往而薄来，所以怀诸侯也。凡为天下国家有九经，所以行之者一也：凡事豫⑧则立，不豫则废。言前定则不跲⑨，事前定则不困⑩，行前定则不疚⑪，道前定则不穷⑫。

● "在下位不获乎上，民不可得而治矣；获乎上有道⑬：不信乎

【注释】①既禀：钱粮。既通"饩"，禀通"廪"。②嘉善：奖赏长处。③矜不能：怜惜短处。④继绝世：继即延续、接续。绝世即指断了世袭地位的贵族世家。⑤废国：指已经灭亡了的国家。⑥治乱持危：平定祸乱，扶持危局。⑦朝聘：朝廷聘用。⑧豫：豫同"预"，预先有准备。⑨跲：绊倒，窒碍。⑩困：困惑。⑪疚：差错。⑫穷：尽。⑬道：途径。

朋友^①,不获乎上矣;信乎朋友有道:不顺乎亲,不信乎朋友矣;顺乎亲有道:反诸身不诚,不顺^②乎亲矣;诚身有道:不明乎善^③,不诚乎身矣。

"诚者,天之道也;诚之者^④,人之道也。诚者,不勉^⑤而中^⑥,不

【注释】①信乎朋友:被朋友信任。②顺:顺心。③善:好事。④诚之者:使之达到诚的地步。⑤勉:费力。⑥中:符合。

松泉高士图 元·无款

思而得,从容①中道,圣人也。诚之者,择善而固执②之者也。

"博学之,审③问之,慎思④之,明辨⑤之,笃行⑥之。有弗学⑦,学之弗能弗措⑧也;有弗问⑨,问之弗知弗措也;有弗思⑩,思之弗得弗措也;有弗辨⑪,辨之弗明弗措

【注释】①从容:不慌不忙。从,现在一般读 cóng。②固执:紧紧抓住。③审:详尽。④慎思:谨慎思考。⑤明辨:明确辨别。⑥笃行:踏实行动。⑦弗学:没有学会的。⑧措:放弃。⑨弗问:未曾问过的疑难。⑩弗思:不曾考虑过的问题。⑪弗辨:未曾辨别的问题。

孔子圣迹图之读书有感

也；有弗行①，行之弗笃弗措也。人一能之②，己百之③；人十能之，己千之。果能此道矣，虽愚必明，虽柔必强。"

【注释】①弗行：未曾做过的。②人一能之：别人一次学会。③己百之：自己用百次时间学会。

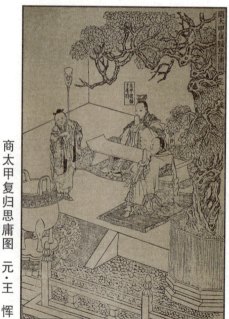

商太甲复归思庸图　元·王恽

二十一 诚明章

自①诚明②,谓之性;自明诚,谓之教。诚则明矣,明则诚矣。

【注释】①自:由于,因为。②诚明:真诚而明白道理。

唐袁楚客书论正本图 元·王恽

二十二 尽性章

唯天下至诚,为能①尽②其性;能尽其性,则能尽人之性;能尽人之性,则能尽物之性;能尽物之性,则可以赞③天地之化育④;可以赞天地之化育,则可以与天地参叁⑤矣。

【注释】①能:才能。②尽:充分發揮,尽量發揮。③贊:帮助。④化育:变化繁育。⑤参:通"叁",这里指天、地、圣人并列为三。

松阴校书图　明·陈道复

二十三 致曲章

其次致①曲②。曲能有诚,诚则形③,形则著④,著则明⑤,明则动⑥,动则变,变则化⑦。唯天下至诚为能化。

【注释】①致:用于。②曲:局部、小事。③形:体现。④著:显著。⑤明:彰明。⑥动:感动众人。⑦化:化恶为善。

兰亭图 宋·佚名

读经诵典　受益匪浅

二十四　前知章

至诚之道可以前知①。国家将兴,必有祯祥②;国家将亡,必有妖孽③。见(现)乎蓍④龟⑤,动乎四体⑥。祸福将至:善,必先知之;不善,必先知之。故至诚⑦如神。

【注释】①前知:预知未来。②祯祥:指吉祥的预兆。③妖孽:指凶恶的预兆。④蓍:占筮用的蓍草,指占筮。⑤龟:占卜用龟甲,指占卜。⑥四体:指四肢。⑦至诚:最真诚的人。

孔子圣迹图之知鲁庙灾

二十五 自成章

诚者自成①也,而道自道[导]②也。诚者物之终始,不诚无物。是故君子诚之为贵。诚者,非自成己而已也,所以成物③也。成己,仁也④;成物,知[智]也。性之德也,合外内之道⑤也,故时⑥措⑦之宜⑧也。

【注释】①自成:自我完善。②自道:自我遵道。③成物:成就万物。④仁:体现仁。⑤道:道理。⑥时:时常。⑦措:运用。⑧宜:适宜。

云近蓬莱图 清·冯仙湜

读经诵典　受益匪浅

二十六　无息章

故至诚无息①。不息则久,久则征②,征则悠远,悠远则博厚③,博厚则高明④。博厚,所以载物也⑤;高明,所以覆物也⑥;悠久,所以成物⑦也。博厚配地,高明配天,悠久无疆⑧。如此者,不见现⑨而章彰⑩,不动而变,无为⑪而成。

天地之道,可一言而尽也:其为物不贰,则其生物不测⑫。天地

【注释】①息:停息,中止。②征:证验,表现于外的。③博厚:广博深厚。④高明:高大光明。⑤载物:承载万事万物。⑥覆物:覆盖万事万物。⑦成物:成就万事万物。⑧无疆:无边无际,引申为永世长存。⑨见:同"现",表现。⑩章:同"彰",彰显,显著。⑪无为:不妄为。⑫不测:不可测量。

读经诵典　受益匪浅

之道，博也，厚也，高也，明也，悠也，久也。

今夫天，斯昭昭①之多②；及其无穷也，日月星辰系焉③，万物覆焉。今夫地，一撮土之多；及其广厚，载华岳而不重，振④河海而不泄，万物载焉。今夫山，一卷⑤石之多；及其广大，草木生之，禽

【注释】①昭昭：光明。此处指一小处光明。②之多：就那么多。③系焉：属于此。④振：收蓄、聚集。⑤卷：通"拳"，微小。据学者考证，此处之"卷"，原本作"拳"。

二十六　无息章

孔子圣蹟图之韦编三绝

181

兽居之，宝藏兴焉。今夫水，一勺之多，及其不测，鼋鼍①、鲛②龙、鱼鳖生焉，货财殖③焉。

《诗》云："维④天之命，於穆⑤不已。"盖⑥曰天之所以为天也。"於呼乎⑦不丕显⑧！文王之德之纯。"盖曰文王之所以为文也，纯亦不已。

【注释】①鼍：扬子鳄，又叫猪婆龙。②鲛：通"蛟"。③殖：繁殖。④维：通"惟"，思考。⑤於穆：於为叹辞，穆即美，肃穆。⑥盖：大概。⑦於乎：呜呼。⑧不显：丕显，光明显赫。

木泾幽居图　明·文徵明

读经诵典　受益匪浅

二十七　大哉章

大哉圣人之道！洋洋①乎,發育万物,峻②极于天。优优③大哉！礼仪④三百,威仪⑤三千,待其人⑥而後行。故曰:苟⑦不至德,至道不凝⑧焉。故君子尊德性而道⑨问

【注释】①洋洋:广大,多,丰富,充沛的样子。②峻:高大挺拔。③优优:充足、丰富的样子。④礼仪:礼的大纲。⑤威仪:礼的细目。⑥其人:适当的人。⑦苟:结果,假如。⑧凝:凝聚,集中。⑨道:讲求,致力于。

孔子圣迹之杏坛礼乐　　明·佚　名

学,致广大而尽精微,极高明而道中庸,温故而知新,敦厚以崇①礼。是故居上不骄,为下不倍②。国有道,其言足以兴;国无道,其默足以容③。《诗》曰:"既明且哲④,以保其身。"其此之谓与欤!

【注释】①崇:推崇、崇尚。②倍:同"背",违背。③容:容身,保身。④哲:智慧。

仿古山水图 清·上睿

二十八 自用章

子曰:"愚而好自用①,贱而好自专②;生乎今之世,反③古之道④。如此者,灾及其身者也。"

非天子,不议礼,不制度⑤,

【注释】①自用:指人刚愎自用。②自专:专横、独断。③反:复返,回复。④道:道理。⑤制度:制即创制,度即礼制、法度。

贻鹤寄书图 明·邵弥

不考文①。今天下车同轨②，书同文，行同伦③。虽有其位，苟无其德，不敢作礼乐焉；虽有其德，苟无其位，亦不敢作礼乐焉。

子曰："吾说夏礼，杞不足征④也。吾学殷礼，有宋⑤存⑥焉。吾学周礼，今用之，吾从周。"

【注释】①考文：考证文字。②同轨：辙迹同宽。③伦：道德标准。行：旧时也读xìng。④征：证明。⑤宋：古国名，其国君是商君主的后代。⑥存：保存。

孔子圣迹图之太庙问礼

读经诵典　受益匪浅

二十九　三重章

王天下有三重焉，其寡过矣乎！上焉者①，虽善无征；无征不信，不信，民弗从。下焉者②，虽善不尊；不尊不信，不信，民弗从。故君子之道，本诸身，征诸庶民，考诸三王而不缪③，建诸天地而不悖④，质⑤诸鬼神而无疑，百世以俟⑥圣人而不惑⑦。质诸鬼神而无疑，知天也；百世以俟圣人而

【注释】①上焉者：指周代以前的礼仪制度。②下焉者：往下看，指後来的圣人。③缪：通"谬"。④悖：违背。⑤质：验证。⑥俟：等待。⑦不惑：没有疑惑。

不惑,知人也。是故君子动而世为天下道②,行而世为天下法③,言而世为天下则④。远之则有望⑤,近之则不厌。《诗》曰:"在彼无恶⑥,在此无射(斁)⑦。庶几⑧夙夜⑨,以永⑩终誉⑪。"君子未有不如此,而蚤(早)⑫有誉于天下者也。

【注释】①世:世代。②道:楷模。③法:榜样。④则:法则。⑤望:向往。⑥恶:讨厌、嫌恶。⑦射:通"斁",厌恶。射,此义可读yì,因押韵需要,此处宜读dù。朱熹《中庸章句》:"射,音妒,《诗》作斁。"一般认为,"斁"是"射"的今字。既然如此,"斁"可读dù,"射"亦可读dù。现今出版的书多注音为yì。有的书甚至说:"'射'无读dù的情况,朱熹此说,不知有何根据。可能是笔误。似应读yì。"可谓对古汉语及其语音缺乏应有的了解。⑧庶几:将近,差不多,可能。⑨夙夜:从早晨到晚上,夙即早晨。⑩永:永得。⑪终誉:名誉。⑫蚤:通"早"。

东篱赏菊图 明·唐寅

读经诵典　受益匪浅

三十　祖述章

仲尼祖述①尧舜,宪章②文武;上律③天时,下袭④水土。辟(譬)如天地之无不持载,无不覆帱⑤,辟(譬)如四时之错行⑥,如日月之代明⑦。万物并育而不相害,道并行而不相悖。小德川流⑧,大德敦化⑨。此天地之所以为大也。

【注释】①祖述:宗奉,传述。②宪章:效法,模仿。③律:顺从,遵循。④袭:因袭,顺应。⑤覆帱:覆盖。⑥错行:交错运行。⑦代明:代即交替,明即明亮。⑧川流:像河水长流。⑨敦化:敦厚化育万物。

孝经图之圣治章　　明·仇　英

三十一 至圣章

唯天下至圣，为能聪明睿知①，足以有临②也；宽裕③温柔，足以有容④也；發强⑤刚毅，足以有执⑥也；齐庄中正⑦，足以有敬也；文理密察⑧，足以有别也。溥博⑨渊泉，而时⑩出之。溥博如天，渊泉如渊。见而民莫不敬，言而民莫不信，行而民莫不说⑪。是

【注释】①睿知：通达聪明，看得深远而明智。知同"智"。②临：临察。③宽裕：指胸怀宽广豁达。④容：包容。⑤發强：奋发刚强。⑥执：决断。⑦中正：公正。⑧密察：思考周密。⑨溥博：普遍广博。⑩时：適时。⑪说：同"悦"，喜欢。

读经诵典　受益匪浅

以声名洋溢①乎中国,施及②蛮貊③。舟车所至,人力所通,天之所覆,地之所载,日月所照,霜露所队(坠)④,凡有血气⑤者,莫不尊亲。故曰配天⑥。

【注释】①洋溢:充满,广泛传播。②施及:延及。③蛮貊:指边地异族。④队:同"坠",降落。⑤血气:血脉气息。⑥配天:与天相配。

三十一至圣章

山水图之溪山林层图　　清·刘　度

三十二 经纶章

唯天下至诚,为能经纶①天下之大经②,立天下之大本,知天地之化育。夫焉有所倚?肫肫③其仁,渊渊④其渊,浩浩⑤其天。苟不固聪明圣知(智)达天德者,其孰能知之?

【注释】①经纶:整理丝缕。指制定,规划。②大经:大原则,纲纪。③肫肫:诚恳、纯粹的样子。④渊渊:深邃的样子。④浩浩:广大无边的样子。⑤固:本来,真确。

蚕织图 宋·佚 名

三十三　尚絅章

《诗》曰："衣锦尚①絅②。"恶其文③之著也。故君子之道，闇然④而日章⑤；小人之道，的然⑥而日亡。君子之道，淡⑦而不厌，简而文⑧，温而理，知远之近，知风⑨之自⑩，知微之显，可与入德矣。

《诗》云："潜虽伏矣，亦孔⑪之昭⑫。"故君子内省不疚⑬，无恶⑭

【注释】①尚：加上。②絅：禅衣，即用麻布制成的单层外衣。按：现在所见《诗经》并无此句诗。《诗经·卫风·硕人》有诗句"硕人其颀，衣锦褧衣"。《诗经·郑风·丰》有诗句"衣锦褧衣，裳锦褧裳"。③文：花纹。④闇然：深不可测。⑤日章：日益彰显，章同"彰"。⑥的然：鲜明的样子。⑦淡：恬淡。⑧简而文：简质而有文采。⑨风：风气。⑩自：来源。⑪孔：很。⑫昭：显著。⑬疚：愧疚。⑭恶：损害。

于志①。君子之所不可及者，其唯人之所不见乎！

《诗》云："相②在尔室，尚③不愧于屋漏④。"故君子不动而敬，不言而信。

《诗》曰："奏假⑤无言，时靡有争⑥。"是故君子不赏而民劝，不怒而民威于鈇⑦钺⑧。

《诗》曰："不显⑨惟德，百辟⑩其刑⑪之。"是故君子笃恭⑫而天下平。

《诗》云："予怀明德，不大

【注释】①志：心志。②相：看。③尚：上。④屋漏：屋漏神。⑤奏假：庙祭时奏升堂的大乐。⑥时靡有争：此时没有纷争。⑦鈇：铡刀，用来腰斩的刑具。⑧钺：大斧。⑨不显：丕显，即大显耀。⑩百辟：辟，君王；百辟，诸侯。⑪刑：效法。⑫笃恭：笃实谦恭。

读经诵典　受益匪浅

声以色。"子曰:"声①色②之于③以化民④,末⑤也。"

《诗》曰:"德輶⑥如毛。"毛犹有伦⑦。"上天之载⑧[载],无声无臭⑨。"至⑩矣!

【注释】①声:疾声。②色:厉色。③之于:对于。④以化民:用来教化民众。⑤末:树梢,指非根本的,最次等的。⑥輶:古代一种轻便车,引申为轻。⑦伦:类,即比较。⑧载:通"栽",即栽培,生长。⑨臭:气味。⑩至:最高境界。

三十三　尚絅章

王维诗意图之潜鳞自无饵,林鸟不曾惊　明·项圣谟

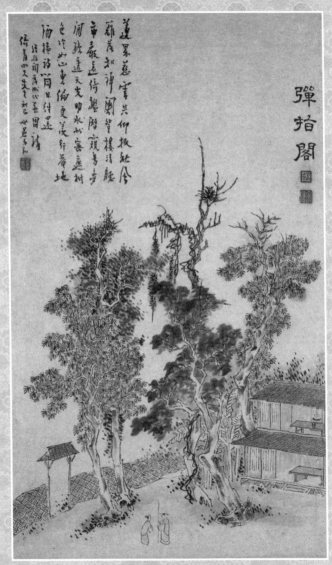

弹指阁图 清·高 翔

静听松风图　南宋·马麟

踏歌图 宋·马远

秋稔图 清·袁耀

老子骑牛图 明·张 路